目次

I

目次

III

III

目　次

奥田耕己氏に

I

毎回、まさにドードー鳥のような魅力的な主役を用意している。それは人物や民族であったりも、音楽や伝承であったりも、技術や機械であったりもする。その運命を巧みに語る。だから九十分の講義が終わったとき、学生たちは長篇小説を読み終えたような、あるいは映画を観終えたような心地で、当分は物語に浸って感傷にふけったり、図書館で関連書籍を見つけてわくわくしながらその頁《ページ》を繰ることができる。

——津原泰水著『ルピナス探偵団の憂愁』（東京創元社、二〇〇七年）

歴史に学び「畏怖」を知る

イラクに駐留するアメリカ軍将校の間で、読書を最も奨励される本がある。それは『知恵の七柱』（柏倉俊三訳は平凡社東洋文庫）なのだ。この報道に接したのは、三、四年ほど前のことである。「なぜいま頃になって――」と、驚きとも哀れみともいえぬ暗澹たる気持ちに襲われたものだ。『知恵の七柱』は、「アラビアのロレンス」こと、文学的才能にあふれたトマス・エドワード・ロレンスの回顧録である。第一次世界大戦中、彼は英陸軍の現役将校として、アラブ地域での対オスマン帝国戦を指導し、時に部隊を指揮したこともあった。その経験を基に、トルコ軍に対するゲリラ戦の経緯や、アラブ独立運動指導者たち（中心はベドウィンの部族長）の思想と行動、各部族の生活習慣などを、砂漠の苛酷な気候風土や生態系の叙述と共に克明に描き出したのが『知恵の七柱』である。

考古学者上がりの情報将校だったロレンスは、文人としても傑出した才能の持ち主であった。この書によって初めて、欧米の一般市民はアラブ世界の何たるかを知った。史実の正確な記録でなく、オリエンタリズムの偏見に浸っているという批判はあるにせよ、ゲリラ戦の戦史や方法論としての価値は否定されていない。大国の正規軍の論理からはとうてい予測できない、砂漠での「不正規戦」の特殊な手法が余すところなく書き記されているからだ。毛沢東もゲリラ戦術をこの書物に学んでいた。ベトナム戦争当時、北ベトナム軍や南ベトナム解放民族戦線は、同書を参考にして作戦を練ったといわれる。彼らは、圧倒的なアメリカ軍の兵力と物量に対抗するために歴史に学び、そして勝利した。負けたアメリカはこの時、自分たちがなぜ撤退に追い込まれたのかを学ぶべきであった。

三〇年を経ずして、アメリカは同じ失敗を、イラク戦争で繰り返すことになる。ハイテク兵器の圧倒的破壊力をもってしても、神出鬼没のゲリラ部隊を完全に掃討することなどできない。歴史に学んでいれば、問題点は明らかだったはずである。

歴史に学ぶとは、単に軍事戦略面で過去の理論や手法を知ることではない。歴史を探究することで、強者が弱者に負け、成功者がまたたく間に敗北者となって表舞台から消え去る「歴史への畏怖」を知る意味が大きい。

ジョージ・W・ブッシュ大統領をはじめラムズフェルド国防長官など文官の指導者たちが、開戦前に『知恵の七柱』を読んでいたとは考えられない。アラブ民族のゲリラ戦について英語で書かれた格好の教科書があるというのに、ゲリラ戦の何たるか教訓を学ぶことなくイラクに攻め入り、その結果多くの人命が失われたのである。指導者たちの無知と傲慢さは厳しく非難されるべきだろう。泥沼化し単独覇権の失敗が確実になった頃に、『知恵の七柱』を将兵たちに読ませても遅きに失したというほかない。

ひるがえって、日本はどうであろうか。明治維新以降、急速な近代化と経済成長を遂げ、日清・日露戦争そして第一次世界大戦に勝利した日本は、その目覚ましい成功体験のせいで歴史への畏怖を忘れた政治家や軍人の暴走が第二次世界大戦の敗戦の悲劇を招いた。そして再び、戦後の日本人がゼロから築いた経済成長の歴史を、現在の脆弱なリーダーたちが潰そうとしているのだ。

政治家や経営者は、おのれの無知や傲慢さをいましめるためにも、歴史を学び、歴史を畏怖する重要性をあらためて嚙み締めるべきだろう。

政治家と歴史家

アルゼンチンの作家ボルヘスは、ある短編小説で架空の中国の賢人・崔奔についてこう述べたものだ。「あらゆるフィクションでは、人間がさまざまな可能性に直面した場合、そのひとつをとり、他を捨てます。およそ解きほぐしようのない崔奔のフィクションでは、彼は――同時に――すべてをとる。それによって彼は、さまざまな未来を、さまざまな時間を創造する。そして、これらの時間がまた増殖し、分岐する。（中略）崔奔の作品では、あらゆる結末が生じます。それぞれが他の分岐のための起点になるのです」（鼓直訳「八岐の園」『伝奇集』岩波文庫）。

これは、辞任した鳩山由紀夫前首相が普天間問題を八カ月間も迷走させた政治手法や、一貫性のない発言を比喩したものと理解しても、あながち的外れでない。普天間の移設に際して沖縄県民と対米関係と連立与党（とくに社会民主党）を同時に満足させる解を求めて、自民党政権が細心の注意で積み上げてきたガラス細工のような工程表を惜しげもなく壊してしまった。しかし前首相は、国外、最低でも県外への移設という新たな「分岐」に三者を引っ張りこむことに失敗し、とどのつまりは辺野古周辺の現行案に戻ることになった。これによって対米関係をともかく安定軌道に戻し、東アジア危機への対処が可能になるかもしれない。とはいえ社民党の連立離脱という「分岐」を招き、沖縄県民は鳩山氏の予知しなかった「分岐」と「結末」たとえば日米安保体制そのものを強く否定しかねない勢いを強めている。自分がつくった「分岐」が予測不可能な未来や時間につながる恐れをもたない政治家とは何であろうか。

政治とは歴史そのものである。そして、政治はさながら「クモの巣」や織物のように複雑につくられているのだ。まして、内政と外交にかかわる三つの条件を思いつきで結びつけても、鳩山氏が複雑な全体を外側から調査し、三つを同時に満足させるアルキメデスの点を見つけられなかったのは当然であろう。当事者の利害が凝《こ》った織物のように微細に入り組んだ政治の世界で、たくさんの要素を一つ一つに分解して最適の解を求めても混乱が起きるだけなのである。県民、アメリカ、社民党という一つだけでも複雑な政治的要素を加減して一度で合意形成をはかるテストに正解が見つかるはずもない。せめて可能なのは、ある部分によって別の部分をテストし、二つの要素によって合意形成を果たせるくらいであろう。

最重要の二要素とは沖縄県民とアメリカにほかならない。衆参合わせて四二三議席をもつ民主党がわずか一二議席の社民党に国の安全保障と地域住民の将来への決定権を握られたのは、もはや憲政の常道、民主主義の本筋から逸脱している。

鳩山前首相に一貫して欠如していたのは、世界史や日本史のリーダーなら大多数が持ち合わせた歴史的思考に基づく「常識力」なのである。イギリスの政治思想家アイザイア・バーリンによれば、歴史的思考はいろいろな概念やばらばらの事象を「ある状況に適合させようとする常識の働き」と似ているのだ（上森亮『アイザイア・バーリン――多元主義の政治哲学』春秋社）。

あえていえば、普天間問題に限らず前首相の政治手法に欠けていたのは、さまざまな事象や可能性を自在に寄せ集めながら編み合わせると共に、必要なら捨て去ることで政治目標に肉薄する迫力である。これは政治家に必要な技巧であるが、誰でも経験から学ぶ他に術《すべ》がない。他方、歴史的思考力と物事を類比させるのは歴史家の仕事であり、歴史家の常識こそバーリンのいう「現実感覚」なのだ。同時に、現実感覚は政治家のリーダーシップに要求される資質といってもよい。

現実感覚を欠いた二流の歴史家はせいぜい論証や叙述に説得力を欠くにしても、実害を国民に与えることはない。しかし、現実感覚をもたない政治家は、国民を危うくし国を滅ぼす汚名を千載《せんざい》の後まで伝える歴史の悪しき「行為者」になりかねず、実際の歴史にはそうした人物の墓碑銘が多く刻み込まれている。

歴史家と政治家は、事物の観察スタイルにおいて似通ったところがある。それは、過去と現在の人間のいずれを重視するかの違いがあるにせよ、人間の行為の「観察者」であると同時に自らも「行為者」であるからだ。政治家は歴史家にもまして、自然科学のような外的な観察だけでなく、内側から理解する能力がないと務まらない職業なのである。政治家は、時には国民や県民といった歴史の主体の内面に「感情移入」し、かれらが沖縄や日本という世界、かれら自身はもとより日本人やアメリカ人など他の人間をいかに見ているのかを「了解」しなくてはならない。上森亮氏の近業の表現を借りるなら、政治家も歴史家と同じように、この正しい「了解」のためには、動機・目的・意図・欲求・信念などをもつ人間が自然科学の対象とは異なるという洞察力をもつ必要がある。ところが計数工学専攻の鳩山氏のリーダーシップはまったく逆のベクトルで発揮されたのであった。

もし前首相に沖縄や徳之島の歴史を学び住民の独特な心性を学ぶゆとりがあり、現地の人びとと粘り強く付き合い説得していたなら、歴史的思考と現実感覚を磨く多彩な経験を積んでいたに違いない。しかし、そもそも「常識力」が乏しい鳩山氏は、沖縄県民らに不注意かつ無責任な発言を繰り返してしまった。

抑止力の意味を初めて知ったので、沖縄県民に改めて負担を願いたいという発言は、首相のリーダーシップから出てくる言葉ではない。仮に鳩山氏に直観力や洞察力があるとしても、安保体制につながる普天間問題全体の輪郭を断片的な知識で理解し、単純なひらめきや想像力に結びつけるのは無理があったのだ。

歴史家の手法は、前政権など過去の努力の綿密な検証、経験から得た断片や「知のかけら」を体系的かつ慎重に組み合わせながら、ある仮説や政策への賛否の根拠を獲得することにつながる。辺野古沿岸部への移設を当初否定した前首相の判断は、誰がリーダーでも必ず果たしたはずの経験的な知識やデータの検証を無視して出されたのだから驚くほかない。辺野古がだめならどこが代替地たりうるのかを探るには経験的データが必要となる。

政治家のリーダーシップとは、さまざまな人びとが抱く信念や抱負や希望、歴史的証拠にもとづく理想と現実のバランスのとれた可能性への鋭敏なセンスと結びつくのだ。

結局のところ、政治家のリーダーシップに不可欠なのは、ある政策を実現するときには別のものを捨て去るか脇に置くことで、大目標や本質的目標の達成に近づく能力なのである。歴史家にも要求されるのは、人びとや物事の動機・態度・意図・出来事を順序だてて整理できる能力なのだ。そして、歴史で重要なポイントを無駄なく指し示せる歴史家は、政治をできるだけ複雑にせず問題を紛糾させない政治家にも似ている。

こうしてみると、日々の発言が軽いだけでなく、自分なりに誠意をみせれば相手も分かってくれるといった鳩山前首相の主観的発想こそ、政治家には危険な非歴史的思考の最たるものなのだ。

政治家と歴史家の距離が存外に近いのは少しも不思議でない。それはもともと政治と歴史が不即不離の関係にあるからだ。政治家の成功と失敗についてアイザイア・バーリンは、次のような面白い指摘をしている。「われわれは、ある人びとが特定の政治や社会の状況の本質や輪郭を把握するアンテナをもっていると言う。また、ある人びとは政治的に優れた目や鼻や耳をもっていると言い、愛や野心や憎しみが関係するかもしれない政治感覚をもっていると言う。あるいは、難局や危険な状況が形づくるか、（または鈍らせる）感覚をもつと言う。この感覚においては経験、そしておそらく芸術家や創造的な作家がもっているものとはさして違わない特定の才能が決定的に重要である」（バーリンの論文「政治的判断」における指摘、上森氏の引用訳をやや変えた）。

この文章を読めば、政治家のリーダーシップが戒心すべきは、過度のユートピア主義に加えて、リアリズムの欠如であり、自然科学の方法のゆきすぎた適用だということが分かる。沖縄や外交安保に限らず歴史の総合的な洞察力が苦手の鳩山氏は、歴史の連続性や外交の現実性にうといだけでなく、そもそも難局や危険な状況に対応するセンスそのものが最初から欠けているのではないか、という疑いを国民にもたせるに至った。

政治家は、歴史上の人物や事件から教訓や智恵を学ぶだけなら、歴史小説を読めば十分である。しかし、政治に必要な人の心理洞察力を訓練するなら、どうしても歴史の古典と向かい合わねばならない。

他方、政治家には庭師や料理人のように「即興の才能」も必要となる。しばしば奇抜なデザインの衣服を着て公衆の面前に登場し、韓流のドラマや料理に執着する鳩山氏やその夫人が、料理人や庭師に必要な「美的才能」に恵まれているか否かについては、関心のある向きに判断を委ねればよい。しかし氏には、政治家に不可欠な判断力を支える「即興の才能」がないとすれば、安全保障への脅威や突発事件に対応できる瞬発力も鈍いのは当然であろう。現実に鳩山前首相は、宮崎県の口蹄疫災害やギリシア発経済金融危機はじめ中国艦船の挑発や韓国哨戒艦の撃沈事件への反応が遅すぎなかっただろうか。

政治家のリーダーシップには運と人気も欠かせない。首相まで上りつめた鳩山氏が強運の持ち主だったことは否定できない。確かに「運も実力のうち」に違いない。同時に、運が尽きるのも「実力のうち」なのである。また、人気という基準も危ういものだ。シェイクスピアの『ジュリアス・シーザー』は大衆人気のうつろいやすさを描いた作品として、由来多数の政治家に読まれてきた。ある登場人物はシーザーについてこう語っている。

「平民どもは街中から追い払ってやるつもり、だから君も奴らが集まっているのを見たら、追い払ってくれ。いま伸びかけている羽根毛、これをさえ奴の翼からもぎとってしまえば、いくら彼だとてそう高翔びはできないはず」（第一幕第一場、中野好夫訳、岩波文庫）。

もともと政策通でもなく強固な世界観をもつわけでもない政治家が一部のテレビ・マスコミにおける「人気」の幻想によって権力の高みに上ったとしても、大衆有権者という「羽根毛」が「翼」から抜けていくなら、もはや失墜するしかない。大地が柔らかいうちに自ら不時着する潔さを示したのは、せめてもの意地だったというべきか。

政治家の平常心と胆力

「不相応な幸運は知恵のない者には不幸に陥る契機ともなる」とは、古代ギリシアの哲学者プルタルコスの言である。やや酷な言い方になるが、昨年の衆院選挙で三〇八議席を獲得した民主党政権の動きを見ていると、思いがけない幸運に本来の力量や才覚が追いつかない不幸を感じてしまう。とくにこの政権では外交と安全保障がひどすぎる。対米依存の見直しを掲げた鳩山由紀夫前首相は、普天間問題を解決できないまま、いたずらに日米関係を毀損してしまった。また菅直人首相は、折から生じた領海への中国漁船の侵犯を領土主権の原則で対応しようとしながら、日中関係の懸案を政治主導の看板と裏腹に検察庁の判断に委ねる始末であった。

ここで、日本の外交環境を憂えた西郷隆盛の言葉を思い出す人もいるだろう。外国から軽侮を招かないために、きちんと「正道」と「正義」を尽すべきだという西郷の言こそ、日本の国民と政治家が拳々服膺《けんけんふくよう》すべきではないだろうか。『西郷南洲遺訓』(一七)には次のような警句が見られる。

「正道を踏み国を以て斃るるの精神無くば、外国交際は全かる可からず。彼の強大に畏縮し、円滑《かつ》を主として、曲げて彼の意に順従する時は、軽侮を招き、好親《こうしん》却って破れ、終に彼の制を受るに至らん」。正道を歩み、正義や大志のためなら国家と一緒に倒れてもよい精神がなければ、外国とのきちんとした交際は期待できない。外国の強大におそれちぢまり、目先の事案が巧く解ければよいと自己満足し、正しい意志を曲げてまで外国の意志に従うなら、どうなるだろうか。ただちに外国の侮蔑を招き、かえってこれまでの友好的な関係も終わりを告げ、最後には外国の支配を受けることになる。

いまの民主党政権だけをあげつらってはならない。そもそも尖閣問題が現在のように複雑な様相を呈したのは、ひとえに歴代の自民党政権の不作為によるものだからだ。もちろん政治家にも得手不得手の分野があり、すべての領域に精通する必要はない。外交が苦手な政治家もいるはずだ。狭い専門の塹壕に立て籠もりながら、別の話題になるとまるでお手上げになる学者も多いのだから、私たちも偉そうなことばかりは言っていられない。

しかし西郷が言いたいのは、たとえ外交が不得意で細かな故実を知らずとも、政治家たる者は平常心に加えて筋道を通す判断力と胆力が要求されるということであろう。彼の敵だった徳川幕府にも人材はいた。井伊直弼の死後に幕府を指導した老中の安藤対馬守信正（磐城平藩主）などは、西郷の精神にも通じる確固たる信念をもつ政治家であった。

幕末の或る老中は、金銀貨幣の品位量目について外国公使に聞かれて説明に窮し、大名は勘定方の些事を知らなくてよいのだと答え、外国人を啞然とさせたくらいである。

殿様育ちで苦労知らずの老中たちは外国公使との応接を嫌がったものだ。そこで、会談の前日に想定される談判の内容に備えて官僚たちが言葉の用い方はもとより、必要な場合には相手を程よくあしらうように細々と「一々答え振りを付けて差し出す」のが普通であった。まるでいまの閣僚の国会答弁や対外交渉の応答要領のように、俄か勉強をさせられたのである。下調べから外れたことが出ると、「調べかたが疎漏であったと叱責されることさえあった」と幕府の外交実務にあたった田辺太一などはこぼしている（『幕末外交談1』平凡社東洋文庫）。

最近でも、不勉強を棚に上げて部下を叱り飛ばすのが常だった女性大臣や、テレビ人気はあっても夜遅くまで役人を残業させる身勝手な大臣などには事欠かない。安藤信正は逆のタイプである。彼は事前説明を必要としないほど案件の内容を理解していた。むしろ安藤がこだわったのは、外国人と会い交渉が終わった当日のやりとりの咀嚼である。双方の発言の疑義を晴らし内容を下僚と一緒に確認する作業を丁寧に果たしたのだ。きちんと役人と議論して清書を完成させ、明朝の廟議《びょうぎ》に出す書類を準備すると夜も一二時を過ぎ、時には日の出を見ることもあった。職務精励の大臣だったのである。

しかも安藤は胆力の人でもあった。フランスの代理公使ベルクールが部下の負傷を過大に騒ぎ立て職務の放棄をちらつかせた時には豪胆な態度で接した。こんな瑣末な事柄で日本と戦うというなら勝手次第にせよと言い放ったのである。〝まさかフランスでも軍艦二、三隻で日本をとることもできまい、いつでも日本は相手仕ろう〟と発言した安藤は、フランスの名誉も傷つくのではないかと諭した。穏やかに談判もできないとあれば老中と公使も無用となり、双方ともに外に向かって恥ずかしいのではないか、と泰然として条理を説いたのである。ベルクールも悔悟の念を表して退席し、米国総領事ハリスを介して「詫び言」を頼んだというから「天晴れな外国事務老中」だったといえよう。

戦後の日本にはアメリカや中国に押されると訳もなく腰砕けになる首相や大臣が少なくなかった。安藤のような胆力や使命感が乏しいからだ。また、西郷のいう正義や正道へのこだわりがないのである。安藤は洋学を勉強したわけでなく、西洋事情にも通じていなかった。「ただ、その聡明さで、当然の情と理に照らして相手に応答し、加うるに機敏の才と応変の妙があったので、一時は外国公使も賛称してやまなかった」（田辺太一）。

ハリスは、安藤が「よく国のためにつくす人物である」と語っている。安藤は或る事件の処理にあたって、国々の交際は信義を第一とすべきであり、詐術では紛争を一時解決できても自分は潔しとはしないと述べたからだ。まさに、西郷のいう正義や正道につながる考えである。

これほどの政治家が坂下門外の変で失脚したのは、幕末日本の政治外交にとってかえすがえすも残念なことであった。冷静沈着に自分へのテロ事件を処理し、傷が治癒しないうちに英国公使オールコックに面会して外交案件の処理に成功した豪胆さと智略を羨望し、誹謗中傷する小人たちの画策が効を奏したのである。現代の日本をとりまく外交環境はますます嶮しさを増している。安藤のように平常心と胆力をバランスよく発揮する練達の外交政治家の出現を心から望みたい。

正道を踏み国を以て斃るるの精神

「正道を踏み国を以て斃るるの精神無くば、外国交際は全かる可からず。彼の強大に畏縮し、円滑を主として、曲げて彼の意に順従する時は、軽侮を招き、好親却て破れ、終に彼の制を受るに至らん」（『西郷南洲遺訓』一七）

西郷隆盛の遺した文章のなかでも、日本の外交環境を憂えたこの言葉ほど、時空を超えて今の日本人の耳朶《じだ》を打つものはないだろう。

西郷は、「正義」や「正道」を人間の守るべき大事な価値と信じていた。彼は無論、この二つのためなら、自分の命を犠牲にする覚悟をもっていた。ことによると国家さえも、「正義」や「正道」よりは大事でなかったかもしれない。無教会主義者の内村鑑三が西郷を日本史でいちばん偉大な人物と讃えたことは有名である。彼も冒頭に引いた言葉にいたく共感し、その英文代表作『代表的日本人』に引用した。鈴木範久氏によって現代語に訳された文章の大意はとてもわかりやすい。

「正道を歩み、正義のためなら国家と共に倒れる精神がなければ、外国と満足できる交際は期待できない。その強大を恐れ、和平を乞い、みじめにもその意に従うならば、ただちに外国の侮蔑を招く。その結果、友好的な関係は終わりを告げ、最後には外国につかえることになる」（『代表的日本人』所収「一　西郷隆盛——新日本の創設者」岩波文庫）

西郷の原文と内村の訳文を比較しながら読めば、読むほどに味わいが出てくる金言なのだ。私事ながら、実は最近鹿児島に出かけた折、西郷のこの文章を中学生の男女たちにプリントとして配ったことがある。

中学生との対話や課外授業の臨時教師として、西郷隆盛と大久保利通を素材に日本の近代や政治家のリーダーシップについて二日間語り合った時のことだ。西郷隆盛の「敬天愛人」の意味を正しく理解する二〇人の生徒にとって、正道を歩み正義のために倒れる精神をもつ西郷の考えを捉えるのは容易だったようだ。何かの行事に参加した褒美としてもらった現代語訳もある『西郷南洲遺訓』をわざわざ見せてくれた生徒もいたくらいだ。男女生徒たちの様子を見ていると、外国とは毅然と交際するべきだと当然考えている感じを受けて心強い限りであった。

ところで、中学生でも本能的に分かる国際関係における日本の利益や立ち位置をわざわざ難しく考え、自縄自縛に陥って首相を辞めたのが鳩山由紀夫氏である。鳩山氏の場合、アメリカ依存を見直すという理屈で友好同盟関係に揺らぎを与えておきながら、さながらアメリカの「強大に畏縮し、円滑を主として、曲げて彼の意に順従する」ような状況に陥った。結局、アメリカの強固な意志に撥ね返されて、当初否定した普天間基地の辺野古沿岸部への移転案に戻らざるをえなかった。色々と揶揄されても仕方がない。有り様は、最後に腰砕けになって政権を抛《ほう》りなげてしまったのではないか。

これはまさに、西郷の言葉を借りるなら、「強大に畏縮」、「彼の意に順従する」こと以外の何物でもない。

今年四月のワシントンにおける核安全保障サミットでは、合間に十分間トークの時間だけ貰う「軽侮を招き」、両国間の信頼関係を毀損し「好親却て破れ」る事態をもたらしたのも記憶に新しい。おそらく鳩山氏は西郷のこの金言を知らなかったのであろう。

鳩山氏はその在任中に、中国海軍がほかならぬ沖縄近辺海域を示威航行し、日本の排他的経済水域に挑発行為を繰り返しても、正面から抗議もせず不快感を表明するでもなかった。これは、「彼の強大に畏縮し、円滑を主として、曲げて彼の意に順従する」別の典型例かもしれない。

氏は、相手がアメリカであれ、中国であれ、正面から理を尽して堂々と論じることができなかったのだろうか。今となってみれば前首相は、「正道を踏み国を以て斃るるの精神」がなかったと言われても返す言葉がないのではないか。アメリカから自立するかのようなポーズをどれほど取ろうとも、中国の「制を受るに至らん」ことになれば、何のための自主自立外交なのかということになりかねない。こうした姿勢では、結局のところ、アメリカと中国の双方による腹の底からの「軽侮」を招くことは間違いない。

鳩山氏が廟堂《びょうどう》から去った今、菅直人新首相は、「正しかれ、恐れるな」という西郷による政府の動かし方を、外交や安全保障の領域でも学ぶべきではないだろうか。

大英帝国の「孤独」

ジャン・モリス『帝国の落日』（池央耿・椋田直子訳、講談社）

一九四二年二月一五日、英領シンガポールは日本軍の攻撃で陥落した。この日、白人たちは大英帝国の没落を実感したに違いない。帝国はアジア人やアフリカ人の間で威信と敬意を維持できないと成立しない。しかしパーシヴァル中将が山下奉文中将に「イエスか、ノーか」と迫られて降伏して以来、「アジア人がそれまでと同じ目で英国人を見ることは二度となくなった」と著者のモリスは語る。「白人が慌てふためき、屈辱の淵に沈むところが衆目にさらされた」だけでなく、大英帝国なるものが張子の虎にすぎない現実が白日のもとに晒されたからだ。指揮官は二流、歌は低俗、政策は無力、勇気でさえ全員のものでないとくれば、英国が再びアジアに戻れなかったのも道理だと、モリスは冷酷に語る。バーナード・ショーは、英国人は誰でも生まれながらに、世界の支配者になれる奇跡的な力を持っている、と述べた。モリスの描いた物語はこの奇跡が一つ一つ砕かれていく歴史にほかならない。

茶色や黄色の肌をした人びとが、英国人は無敵だと思いこむことが大英帝国存続の前提条件であった。しかし、第一次大戦はすでにこの神話に翳りをもたらしていた。破綻がまず中東から始まったのは興味深い。二一世紀のイラク戦争で米国はバグダードを落としたが、一九一五—一六年の英軍はバグダードを落とす前に一万三〇〇〇人がクート・アル・アーマラでトルコ人に降伏してしまった。モリスは英国戦史上で「もっともみじめな降伏」と呼ぶ。欧州戦線の膠着で「どこでもいいから勝ちがほしい」と切望していたロンドンの戦時内閣は、同じトルコにもっと深刻な苦杯を嘗めていた。

オーストラリアやニュージーランドの自治領軍に助けられた英国は、敵国の首都コンスタンチノープルを長駆突くガリポリ上陸作戦を一九一五年四月に敢行していた。後年のノルマンジーを思わせる大胆な敵前上陸に成功するなら、大英帝国の団結と栄光を再び輝かせる金字塔になるはずだった。しかし、こと志に反して、作戦は後にトルコの大統領になるアタテュルクことケマル・パシャらの頑強な抵抗にあって、五万八〇〇〇の戦病死者を出して撤退した。米国独立戦争以来の大敗北というのだから、大英帝国の再建も何もあったものでなかった。

英国が欧州から離れた場所で戦ったのは、まさに帝国本能の典型であった。しかし結果は、モリスも語るように「帝国本能が持つ幻想の終焉」であった。戦争の見返りはそれなりにあり、アフリカと太平洋に新領土を獲得し、中東でも委任統治の名目で支配を拡大した。代償として英国を襲ったのは、シニカルな孤独と寂しさである。

インドは、チャーチルが「常々わが国を敵視しているみすぼらしい老人」と呼んだガンディーの粘りで大英帝国からいちはやく別れを告げた。帝国の混沌を具現したチャーチルの死は、一九六五年のことである。チャーチルはインド独立後に会ったネルー首相が投獄を根にもたない寛仁大度に目を潤ませたという。この逸話を紹介して本書を終えるモリスは、万国に冠たる帝国主義政治家の涙ほど、大英帝国が名実ともに瓦解した象徴はないと言いたげである。

夢と記憶

剣戟《けんげき》を振るう人間の強い個性を描く史料を読み、政治家の野心的な権力闘争の生々しい姿を日々眺める機会が多いと、つい静謐《せいひつ》な時間が流れ穏やかな気分を呼び戻す書物に接したくなる。私は年末から新年にかけて保苅瑞穂氏の新著『プルースト 読書の喜び』（筑摩書房）をひもといていた。このフランス文学者の文章には、いつも人の心を宥《なだ》める落ち着きがひそんでいる。マルセル・プルーストの『失われた時を求めて』の「スワン家のほうへ」で有名なプチット・マドレーヌというずんぐりした丸い小菓子を茶に浸して幼年時代の風物を思い出す光景に久しぶりに接しながら、私も経験したばかりの記憶の喪失を惜しみ夢の真実を思い出そうとする毎朝の努力とも重ねてみた。

どの人間も記憶の蘇生となると、ひとえに偶然の結果にかかっており、いかなる知的な努力も、熱心に時間をかけた営みによっても、真の過去を思い出せないことが多い。プルーストの語り手は茶を飲んだときに思い出した事柄をさらに詳しく知ろうとするが、新しく光が差して来ないもどかしさを隠さない。

彼はその営みを「精神にもう一度努力をさせて、逃げ去って行く感覚を再度つれもどさせる」と巧みな表現で説明している。その結果、自分の非常に深い内面から何かがゆっくりとのぼってくるというのだ。その手応えが感じられ、「それが横切ってくる距離のざわめきが聞こえる」とは本当に巧い表現である。

保苅氏は、何かを思い出そうとして、それがもう少しで意識の表面に現れそうになることをわれわれもよく経験すると指摘する。まったく正しい。私も夢で見たはずの記憶を確認しようとしても、どこかでイメージが途切れて隔靴掻痒《かっかそうよう》の感を否めないのだ。

その夢は、単純に私だけに意味をもつ過去と現在とをつなぐ記憶の回路であり、過去の記憶の断片や体験した事実を私が辛うじて諒解《りょうかい》できる現在の意識と結びつける特殊な過去なのだろう。夢のなかでは、三年ほど前に亡くなった女性との間でしきりに会話が繰り返される。それなのに夢から醒《さ》めると、あれほど明瞭極まりなかった粗筋さえもはや薄ぼんやりとし、活《い》き活きとした彼女の表情も会話の内容も忘れ果てるという情けない現実にしばしば茫然《ぼうぜん》としてしまうのだ。

アンドレ・ブルトンらのシュールレアリストばりに自動筆記めいた手法で心おぼえをした時期もあった。それでも夢の記録をすぐに再現できず、もどかしさを拭えない。夢にも、プチット・マドレーヌならぬ、カイロのカバーブ（焼羊肉）やアンカラのアイスクリームが現れることもある。そして現世に戻ると、二人が共有した味や匂いとともに過去と現在をつなぐ細々《こまごま》とした情景が蘇《よみがえ》ってくるのだ。視覚は知的な感覚である。保苅氏は、嗅覚《きゅうかく》や味覚が肉体的かつ原始的な感覚であるために、記憶があたまのどこか奥深いところに根強く生き残ると喝破する。

私に過去への追憶を断ち難くしていた夢のなかの女性も、最近では私の未来に触れることもある。

新年を迎えて、あと一息でつかめそうな夢の大事な断片を何とかして逃さず、彼女の意志を確かめられたらどれほど幸せであろうか。夢とは絶望が終わり、そこから希望が始まる記憶と現実の接点なのかもしれない。

明治政府の交渉術

五百旗頭薫『条約改正史――法権回復への展望とナショナリズム』（有斐閣）

徳川幕府が結んだ不平等条約の改正は、近代国家として欧米中心の国際システムに参入した明治日本の最優先の外交課題であった。領事裁判権のせいで日常生活において外国人居留民の横暴を許し、関税自主権がないために輸入が超過し正貨を流出させる事態は、どの日本人から見ても屈辱的であり不条理に映ったものである。

著者は、税権回復であれ法権回復であれ、まず条約改正の意味を行政権の回復と考える。改正交渉の口火を切ったのは、薩摩人の寺島宗則であった。その主眼は、関税自主権と貿易規則制定権の回復にあったが、原理原則で妥協せず筋を通した寺島の主張は、東京在住の外国公使だけでなく在外の日本公使の抵抗に遭って挫折の憂き目を見る。

出先の公使たちは関税自主権の回復でなく税率引き上げを目指して寺島にあらがった。この「暴走」の背景には、かれらも薩長の志士あがりであり、大臣何するものぞといった「特命全権公使」の驕《おご》りがあったのかもしれない。厄介だったのは、公使らの姿勢が西南戦争後の赤字財政に苦しむ、大隈重信ら大蔵省の関税増収要求とも合致していたことだ。対外的権利の回復でなく実際に歳入増加を求める内政の論理が外交に及ぼす綾《あや》はまことに興味深い。

本書は行政権の回復を試みた一八八二年までの時期と、法権回復への跳躍がなされた一八八六年までの井上馨による交渉史を丹念に分析した。著者は、続く大隈重信、青木周蔵、榎本武揚の時代はもとより、陸奥宗光による条約改正の成功への展望もきちんと整理している。また、憲法の制定や国会の開設といった立憲制の傘を外国政府とのやりとりでフルに活用する日本側のしたたかな交渉術は、現代日本の政治外交にも大きな示唆を与えてくれる。折角の力作で惜しまれるのは、歴史のドラマを描くには文章がやや晦渋《かいじゅう》なことだ。次作ではもう少し分かりやすい表現や構文を期待したい。

「健全な債務」目指す

ジャック・アタリ『国家債務危機――ソブリン・クライシスに、いかに対処すべきか?』(林昌宏訳、作品社)

公的債務とは、親が子どもに、相続放棄できない借金を負わせることである。しかし九〇〇兆円の債務を背負った日本人は、その国内保有率が九五%なので国際金融市場の荒波から保護されていると安心していた。

著者のアタリは、対GDP比で二〇一〇年に二〇四%に達した日本の公的債務が一四年には二四五%にも増え二〇年には三〇〇%となり、もはや国内貯蓄を全部債務弁済にまわしても追いつかないと警告する。今でもジンバブエを除くと世界最高の数字であり、やがて産業発展や技術革新の財源が不足し、企業も経済成長に貢献する余裕がなくなる。二五年までに人口の半分が労働しない高齢化社会を迎える。日本国家が破綻するのが必至だという悪夢はアタリだけのものでない。

著者は、君主や主権や政府の意味を国家と関連づけて議論することで、公的債務を担った主体が君主から国民に代わり、公的債務が「国民の債務」となった歴史を的確にたどる。それは国家主権の機能が成立し、その機能が脅かされる軌跡でもあった。日本に限らず富める国の国民一人あたりの公的債務の負担額は、自らの年間所得に等しい以上、最悪の事態が起こりうることを社会全体も理解する必要があるだろう。

サルコジ仏大統領に危機解決策を提言した著者は、国家債務の対GDP比を六〇%にするために政府歳出を二〇%削減するか、二〇%増税すべきだと主張する。この処方箋は日本でも格別に目新しい議論ではない。

とはいえ、「健全な債務」を実現できるのは断固たる政治的意志だけだという彼の信念は、国会議員が冗費削減を語りながら法外な歳費の見直しなど痛みの共有に踏み込まない日本の政治家とは異質である。消費増税はじめ改革を先延ばしにしても改革にともなう痛みが大きくなることを、今更外国人に教えられる必要もないが、債務の世界史で共通認識をもつ点では有益な本であろう。

「坂の上の雲」をロシア側から眺める

コンスタンティン・プレシャコフ『日本海海戦　悲劇への航海
――バルチック艦隊の最期』（稲葉千晴訳、日本放送協会出版）

最近の小中学校生は日本海海戦の英雄たる東郷平八郎の名を知らない。ましてや、世界五大海戦の一つに敗れたロジェーストヴェンスキーの名は、多くの日本人にとって忘却の彼方に沈んでいる。バルチック艦隊の司令長官ロジェーストヴェンスキーは、司馬遼太郎に「愚物」と罵られたこともあり、日本人の間では皇帝の寵児として宮廷遊泳術の得意な凡将という印象が強い。しかし、ロシア人歴史家のプレシャコフによれば、彼は鉄の意志をもつ冷徹な人物で上背も高く筋骨隆々の外見はあたりを払うほどであった。決断力や強情さでも他にひけをとらぬ人物だったというのだ。しかも、軍医の子にすぎないロジェーストヴェンスキーは、皇族や貴族の子弟が幅をきかせる海軍の社会で努力と素質で将官まで上りつめたのである。腐敗や汚職で手を汚していない高級軍人として、怒りっぽいなどの短所はあったにせよ、貧しい部下に気前良く金を与え授業料を払ったりもした。捕虜から帰還する途中でも「シベリア共和国」の首領にかつがれそうになるほど人気もあったのだ。

この本は、敗軍の将の誇張された無能ぶりを否定し、実戦経験もあり海軍改革に情熱を燃やした軍人ロジェーストヴェンスキーを復権させる狙いもあるのだろう。東郷や秋山真之の見事な作戦で消滅したバルチック艦隊の敗因は、各司令長官や参謀の作戦能力の差異という単純な要素にはないというのだ。そもそもロジェーストヴェンスキーは東洋に大艦隊を送る愚挙に反対し、途中からも欧州に戻りたいと何度も意見を具申していた。マダガスカルでの無駄な逗留のうちに日本の連合艦隊は訓練と整備を重ね、自分の庭で待っていたのだから、日本の勝利は少しも不思議でないと著者は考えるらしい。バルチック艦隊は、公海上に集められた軍艦の数としては、世界の海軍史でもいちばん規模の大きい艦隊だったのに、勝敗は双方が接触してまもなく艦隊運動の巧拙で決まった。

しかし、ロジェーストヴェンスキーとその艦船はたやすく屈したわけではない。著者は、戦闘不能に陥った旗艦スヴォーロフが最後まで日本側への砲撃をやめず、戦艦ボロディノーも前例のないほど長時間にわたって戦い続けた敢闘精神をいとおしげに強調する。また、アフローラ号の艦長イェゴーリエフのように恐れを知らぬ父親のような指揮官もいた。捕虜になった後祖国に戻ったロジェーストヴェンスキーは、日本にあってロシアにない要素こそ勝敗を決したと、醒めた目で敗因を分析している。まず下瀬火薬を使った爆発力の強い砲弾、着弾率の高さと着弾数の多さを含む日本の砲術能力を素直に評価する。そのうえ、日本の連合艦隊は、数だけに勝るバルチック艦隊のようにスピードの遅い艦や老朽艦を加えず、速度を統一し、訓練に訓練を重ねていた。また、日英同盟のよしみでロシア艦隊を終始妨害する英国と対照的に、ロシア艦隊への支援に消極的なフランス出先の態度も海戦の行方を暗くしたとも言いたいらしい。

ロジェーストヴェンスキーは不意を突かれたのでない。むしろ、あの日に戦闘が起きると正確に予見していたという著者の主張は重要であろう。ロシアがそれなりの艦隊運動をとった結果、連合艦隊はロシア最強の戦艦群と開戦劈頭に対峙することになった。東郷はリスクを犯して敵前回頭をおこない、無駄なく砲撃を先頭艦に集中した点は著者も強調する。ロジェーストヴェンスキーは決して卑怯で勇猛心に欠けた提督でなかったが、参謀を信頼せず細部まで自分で決定する悪癖があった。このあたりを東郷と秋山との関係などと比較しながら描いていたなら、物語としての叙述にも成功したはずだ。著者は自覚していないにせよ、漂流中のロシア水兵たちに日本の艦船が攻撃を止めなかったというロシア愛国史観のようなセンスも時々姿を現すのは興味深いことである。逆立ちした「坂の上の雲」として、訳者の重厚な解説とともに、本書を一読する価値はあるだろう。

成功者の誇りをもって人生を述懐

森英恵『グッドバイバタフライ』（文藝春秋）

書名の「グッドバイバタフライ」は、モード界で定評のある『ヘラルド・トリビューン』紙の記事のタイトルである。それは、二〇〇四年七月の森英恵氏による最後のオートクチュール・コレクションを紹介した時に出された。

オートクチュールとは高級な仕立服であり、「私の生き方だった」と自負する森氏の手仕事でもある。いまでこそブランドビルが立ち並ぶ表参道で長くランドマークだったハナヱ・モリビルも解体され、森氏はオートクチュールにも別れを告げた。しかし、森氏の美に賭けた人生と素描された回想から学ぶべきものは多い。

日本人が何故に西洋の洋服をつくるのかという欧米人の問いは、意地悪や偏見というよりも自然に出てくる疑問なのかもしれない。パイオニアとしてパリやニューヨークで活躍した森氏には人に語りつくせない苦労も多かったはずだが、この本のどこにも愚痴や不満めいた表現は見当たらない。むしろ成功者の誇りをもって、「何ごとも永遠でないように、移りゆく」と人生を述懐するあたりに氏の爽やかな自信と真骨頂が感じられる。

この回想録には多数の芸術家や業界人が登場する。なかでも、夫君の賢氏はいくら控えめに描いても圧倒的な存在感を発揮している。また、パリで森氏の作品を着たモデルの故松本弘子氏との仕事を超えた付き合いや深い友情には惚れ惚れとするほどだ。豊かな「手の表情」や、繊細かつ上質な日本の気品によって世界のトップマヌカンになった松本氏へのこまやかな哀惜の念は本書の圧巻である。人を傷つけず互いに負担をかけない二人の生き方にも感心する。

また、森氏が育った素晴らしい家庭環境は、家族や親子の絆を失った現代の日本人にはまぶしいほどだ。愛情をこめながら食事の作法などに厳格だった医師の父、娘のために季節の素敵な服を作ってくれた母の教えは、国際人デザイナーとして活躍する森氏の原点である。現代人が家族や友情について考えるよすがにもなる佳品といえよう。

大学教授の生態は？

今野浩『工学部ヒラノ教授』（新潮社）

「文学部唯野《ただの》教授」と違って「工学部ヒラノ教授」はよく働く。ヒラといえども文学部教授の二倍くらい多忙らしい工学部教授の生態をよく描いた「実録秘話」である。

この理工系教授が毎日学校へ律儀に出てくるのは、研究熱心もさることながら、家で妻や子どもに疎外されても大学では「優秀で愛すべき学生との素敵な時間が待っている」からだという事情も初めて知った。筑波大学の「三銃士」、「筑波の三バカ」と俗称された筆者は、東工大や中央大を渡り歩き、研究教育と行政で手腕を発揮した学者だけに、勉強してもしなくても待遇が同じ日本の大学悲喜劇に相当腹が立つらしい。

理系の熾烈《しれつ》な競争では五〇編の論文を書けば四つ五つはピカリと光るので、一〇〇編書けば一流になれることともなげに語るのには、文系教授として怖じ気づく。米国では優秀な教授が居座ると、オレもとばかりに劣等教授も理屈をつけて辞めないから、大学は確実に老化するという説明は身につまされる。米国の有力大学には教授全員が六〇歳以上という養老院のような学科まで現れたと聞くと、私も東大を来年春に停年で辞めるのでホッとする。筆者は「チン・ジャラジャラ現象」だと自分を控え目ながら自慢する。パチンコが一旦《いったん》出だすとジャラジャラと止まらないように、教授職と研究テーマとのめぐり合わせも良かったからだ。

教授はじめ大学の職階を軍隊と比較する山下清画伯ばりのセンスも気にいったが、どうも帝国陸軍に失礼なほど大学の職位をインフレ化してはいないだろうか。学長が元帥で学部長が大将というのには思わず笑ってしまった。大将は陸軍士官学校の同期から三人も出れば上々吉《きつ》。「ヒラノ」教授の私が少将か中将であるはずがない。贔屓《ひいき》目に見てもせいぜい中佐（大隊長）くらいだろう。東工大の人文社会系のスター教授たちの奇行も面白い。私の勤める東大駒場も相当にアバウトな面があるので、ヒラノ先生と同僚になれなかったのが残念だ。

大哲学者の苦悩

西田幾多郎『西田幾多郎の声――手紙と日記が語るその人生』（書肆心水）

西田幾多郎の手紙と日記にある言葉で哲学者の人生を語らしめた書物二巻である。東西思想を融合させた大哲学者も、凡俗と変わらぬ苦悩や喜怒哀楽の念をもっていた。西田は、家族や弟子の将来を厳しくも誠実に思いやる人物であった。大正一五年・昭和元年（一九二六）の記事は、京大で志を得ない愛弟子三木清の行く末を心配するものばかりだ。「大学へどうのこうのということを離れ、単に三木という男をよくするということから私はこの際誠を以てかれに忠告して見たいと思います」と。

子どもらの死去や妻の病気もあって、西田は人知れず苦悩を深める。「私のこの一〇年間というのは静かな学者的生活を送ったと言うのでなく、種々なる家庭の不幸に逢い、人間として堪え難き中を学問的仕事に奮励したのです。そして正直に申し上げれば、今は心の底に深い孤独と一種の悲哀すら感ずるのです」（昭和四年）

友人の岩波茂雄は、妻と死別した西田に再婚をしばしば勧めた。妻には人格が一番だと語る岩波に対して、教養こそ大事だと応じる西田の真剣なやりとりが微苦笑を誘う。六一歳の西田は、この年で「新たな生活に入るのが幸福なのか、それともこのまま墓に入るのが幸福なのか」、と哲学者らしく自問する。再婚相手について「年に似合わず純な情熱的な人の様に思われます」と惚気《のろけ》もどきを聞かされた岩波は、莞爾《かんじ》として笑みを浮かべたはずだ。

西田の周辺には、京大で学んだ近衛文麿や木戸幸一や原田熊雄など宮中につながる政治家も多く、二・二六事件を「神人共に許さざる残忍暴虐」と呼ぶ西田の怒りは凄《すさ》まじい。国家の破壊であり、断固たる措置をとらねばならぬのに何処からもそういう力が出ない、「国民は実に馬鹿だ」とまで言い切る。「日本の危機だ。日本もどうなる事であろう」と案じる西田の手紙は、哲学者の歴史観の確かさと広がりを示すものとしても注目に値する。

政治家の赤心とは

民主党に限らず、「赤心《せきしん》の人」とも呼べる政治家に出てきてほしい。

またしても出た鳩山前首相の言葉の軽さには呆れるほかないが、国民も「宇宙人」などと呼んで面白がったツケがいま回ってきているのだろう。一事が万事、言葉に重みがなく立居振舞の軽い芸能人などが政治家になる御時世なのだ。

われわれ日本人の劣化も進んだのだろうか。派手な政局の演技は得意でも財政や外交など地味な政策に関心のない議員が多すぎるのではないか。能力や適性というよりも、歴史観や国家観といった政治家のバックボーンがしっかりしていないのが気になる。

「赤心《せきしん》を推《お》して人の腹中《ふくちゅう》に置く」という言葉がある。自分の真心を人の腹の中にあずけるとは、人を厚く信じて隔てを少しもおかずに接することである。後漢を開いた光武帝劉秀に降伏した者たちがこぞって彼の徳を褒め称えた言葉なのだ。『後漢書』(光武帝紀上)では続けて、「安《いずく》んぞ死を投《いた》さざるを得ん乎《や》」とある。どうして劉秀に命を捧げないでおれようか、というのである。

現代語でいえば赤心は誠意ということだろうが、子ども手当のようにばらまきで〝善意〟を示すやや俗っぽい振舞とはまったく違う。あえていえば、幕末に西郷隆盛と江戸開城を談判した幕臣山岡鉄舟の無私の姿勢に近いであろうか。

山岡は剣術しか知らず、政治の駆け引きなどをしたこともない。まっすぐな気性の山岡は、主君の徳川慶喜を何とかして死から救い、江戸八百八町の住民を路頭にまどわさないことだけを考えていた。気持が一途なのである。

まごころに打たれた西郷隆盛は慶喜の助命も認めた。国会対策でも言葉に誠意がこもっていなければ野党も協力のしようがない。

『西郷南洲遺訓』に「命もいらず、名もいらず、官位も金もいらぬ人は、仕末に困るもの也。此の仕末に困る人ならでは、艱難を共にして国家の大業は成し得られぬなり」という警句がある。これはどうやら山岡鉄舟を指した言葉らしい。捨て身で無欲な人物でないと、悲喜こもごも苦悩を共にしながら国家の大事を図れないというのだ。

西郷は、山岡を侍従に抜擢して、女官らに囲まれた明治天皇の柔弱な生活環境を一新した。政治改革にも大胆な発想と覚悟がいる。菅首相はまだ何一つ捨て身になっていない。

首相が周囲の意表をついて職を賭せば、難業も存外に達成できるはずなのに。ただし一代につき大きな仕事一つである。消費税値上げを目指すならそれもよし、TPP（環太平洋戦略的経済連携協定）の締結ならそれもよし。

いわば徒手空拳から身を起こし遍路の旅に出たこともある菅首相ではないか、赤心の境地に立てば難問も一つだけは解ける。懸案を一つ解決して廟堂を去っても、市民運動から出て異数の〝出世〟を遂げた人間ならば以て瞑すべしであろう。

良質な有権者はきっと分かってくれる。かえって民主党の反転攻勢につながるかもしれないのに、首相は何を逡巡しているのだろうか。

常夏の島の「戦争と平和」

矢口祐人『憧れのハワイ——日本人のハワイ観』（中央公論新社）

一九九七年に日本から外国に出かけた人のうち約一三パーセントがハワイへ行ったという。現在では七・五から八パーセントに落ち込んだというが、それでも連休や年末に芸能人の誰それがハワイに出かけたとか、有名人夫妻がハワイから帰国したというニュースを追いかけるワイドショー番組に事欠かない。

明治の日本人たちは、ハワイを進歩のない野蛮人が住む未開発の土地くらいに思っていたらしい。福澤諭吉などはハワイの国王を「村の漁師の親方ぐらい」と表現し、土地も格別に取り柄のない場所だと冷笑している。しかし二〇世紀に入ると、ハワイには現在のような楽園やパラダイスのイメージが強くなる。一九二〇年にハワイを訪問した或る林学者は、「凡そ生活難のない国」にして「呑気な国」であり、食うに困ることがなく、あくせく働く必要のない島だというのだ。ここには現在の日本人がもつ「くつろぎ」や「リラックス」の「遊び島」というイメージが出ている。もちろん「アロハ」などと勝手にイメージするハワイは、外から見る他者のために観光でつくられた虚像の面もあった。

そこで著者の矢口氏は、ハワイ観光の意義を考えるためにも、この土地がもともと君主制国家でありながら米国に併合された史実や、日米戦争が真珠湾攻撃で始まった事実など、世界史の枠組みを意識すべきだという視座からこの本を書いたのである。

戦前の識者たちは、ハワイが米領になったのを日本外交の失策であるとしながらも、米国ほど属領に寛大な国はないとそのハワイ支配にも好意的であった。阪急の小林一三は、移民が貯蓄を日本内地に送金せずハワイに投資して財産を築き、米国民として永久の繁栄のために働くべきだと至極まっとうな考えを示していた。

それにしても、灰田勝彦やバッキー白片などのハワイアン音楽は、戦後の私の子ども時分の記憶さえ甘くくすぐる。その曲「ブルー・ハワイ」やスチールギターは手ぢかなところで、遠い異国の米国を想像させる仕掛けになっていたからだ。しかし、日米開戦は日本人がハワイに抱いていた魅惑やときめきのイメージを一挙に突き崩した。一世たちは生活のために住んだハワイを帝国海軍航空隊が襲うと歓喜して迎え、二世らは忠実な米国民として兵隊に志願したのである。

こうしてハワイは、戦争と平和の矛盾がストレートに交錯した場所なのだった。そして著者によれば、ハワイ先住民の文化と社会は、観光産業を介して現代の日本と不可分な関係にあるという。ハワイを知ることは、いまの日本人の思考や行動を理解する別の筋道なのかもしれない。私のように、ハワイはもとよりグアムやサイパンなど太平洋の島々を訪れたことのない人間にも、ハワイの不思議さを教えてくれる書物はこれまで少なかった。私は、太平洋の島々に散った英霊や戦争で死んだ現地住民や米国人らの骨が眠る土地を、足で踏むことができずに今日まで過ごしてきた。〝悲劇の島〟ハワイを避けていた私も、人生の黄昏を迎えて、この本を読むことでそろそろ考えを変えるべきなのだろう。

「知の巨人」の生涯

トーマス・K・マクロウ『シュンペーター伝——革新による経済発展の預言者の生涯』（八木紀一郎監訳・田村勝省訳、一灯舎）

シュンペーターは知の巨人である。三六歳でオーストリアの財務大臣をつとめ、銀行家でもあったシュンペーターは、渡米後に三大労作の『景気循環論』『資本主義・社会主義・民主主義』『経済分析の歴史』を書き上げた。これらは、資本主義や経済生活一般を理解するために歴史の重要性を経済学研究にもちこんだ成果である。

ハーバード大学を拠点としたシュンペーターは、数学や社会学や政治学の手法を歴史と経済の傘の下に統合し、多彩な関心、学識、文学的才能のすべてを活用した学際的な混合体をつくった。それでいながら彼は、ケインズやマーシャルのような学派の形成に無頓着だった。著者は、彼の天才的なショーマンシップ的要素こそ、弟子をたくさんつくるよりも、即座に与えられる聴衆の称賛を必要としたからだと看破している。とにかく面白い伝記作品なのだ。

しかし、この偉大な学者は学生に対して熱心な教育者であり、どんなに小さな質問であっても丁寧に答えた。裕福であったにせよ、大学院生や若手の学者にはいつも自前でランチをふるまい、いつ尽きるとも知れぬ議論を楽しんだ。彼が時間配分にこだわる学者であったなら、生涯どれほど完璧な仕事を生み出したことだろうか。最初の妻は一二歳年長、二番目の妻は二〇歳年下、三番目の妻は一五歳年少であった。三番目のエリザベスは、経済学者として数学が夫よりも得意であり優雅な文章を書いた。日本経済の専門家だった彼女は、日米開戦の可能性を正確に予知し夫の国際分析を助けた。二人は戦後スターリン体制の脅威を正確に予測し、ルーズベルト政権から嫌われる。本書では日本に関する記述が多く的確なことにも驚く。

さて、シュンペーターでさえ『一般理論』を書いた人気者ケインズに嫉妬と競争心を感じていたことを著者は明らかにした。『景気循環論』を読まずにケインズ理論だけをゼミで議論した学生たちに激怒した逸話はまことに微笑ましい。

耐えること

「すべての出来事は、君が生まれつきこれに耐えられるように起るか、もしくは生まれつき耐えられぬように起るか、そのいずれかである」(『自省録』)。

こう述べたローマ皇帝マルクス・アウレーリウスであっても、人間の想像力を超え、耐えきれぬほどの重荷を人間に与えた東日本大震災の惨状を見れば絶句したはずである。もっと彼が驚くのは、耐えられないほどの惨事に直面した日本人たちが必死に悲劇に耐えながら、未曾有の試練に立ち向かっていることだろう。

被災者たちの勇気は、それを現場で助ける人びとにもすぐ伝わり、現地に出かけられない国民にも感動を与え支援の輪をますます広げることになった。その大きな広がりは、人の輪をつくるように外国にさえ及んでいる。

歴史を振り返っても、地震、津波、原発事故の「三重災害」ほど深刻な重複被害に遭った例は少ない。自然災害ではないにせよ、日本人にとって忘れられない重複被害は、太平洋戦争で未曾有の都市空襲を受け、広島・長崎への原爆投下で終戦を迎えた悲劇である。

戦災は家屋や市街地の焼失や大量焼死者、食糧難による餓死の危機、被爆者の増大と放射能被害の拡大によって、国家と国民に危急存亡の秋《とき》さえもたらした。この時は、鈴木貫太郎という類稀な決断力と胆力を併せ持ったリーダーが、昭和天皇とも絶妙の呼吸を合わせながら、終戦という歴史的事業を成功させた。しかし平和国家日本の復興と未曾有の繁栄を導いた原動力は、国民の忍耐心と向上心に支えられた努力にほかならない。

東日本大震災は日本の国民が一致結束して立ち向かうべき国難である。政治家と官僚は迅速な判断と行動を心がけ、経済人は雇用と製造の回復安定に邁進し、文化人は新たな復興東北の青写真を描かなくてはならない。

それらを総合して、東北人後藤新平が関東大震災の東京を見事に復活させた以上に、二一世紀日本の国家ビジョンの中心として「新しい東北」や「ネオ東日本」の建設に向けて力を結集することになる。

その底力は十二分に備わっている。海外でも評価される日本人のモラルの高さ、蘇った勤勉さと克己心、目的達成への結束した意識、一時の不便を耐え忍ぶ使命感は、いまや日本人の間に老若男女を問わず沸き起こっているのではないか。天皇と皇后の両陛下も、那須の御用邸の設備や御料牧場の食料品を提供され、御所の節電はもとより停電にも協力され被災民の気持ちを分かちあおうとしておられる。明治天皇が一九〇九（明治四二）年につくった和歌をどうしても思い出してしまう。

己《おの》が身を顧みずして人のため尽すぞひとの務めなりけり

福島原発で危険な復旧活動をしている人びとは、当然のように「人のため尽す」ことを疑わない。

私たち現地に出かけられない者たちは、こうした勇気ある人びとを支えるのも「ひとの務め」であることを銘記すべきではないだろうか。

或るギリシアの抒情詩人は、贅沢かつ快適ながら俗っぽい様子が予想される自分の豊かな生活について述べた。

「いやいや、このいいものの方で私を失うことはないだろう。それなら私がいいものを失うことにしよう」（プルタルコス「借金をしてはならぬこと」）。被災地を復興し被災民と共に生きていくためにも、東京など他所の人間は、あれこれの不便と不自由を忍ぶ覚悟をしなくてはならない。

学問と政治リアリズム

V・V・バルトリド『トルキスタン文化史』（小松久男監訳、平凡社東洋文庫）

中央アジアは、アレクサンダー大王やチンギス・ハーンやティムールが活躍したシルクロードの地である。この「トルコ人の地」（トルキスタン）では、ゾロアスター教やシャーマニズムとイスラームの歴史と文化が混交し、二〇世紀にはソビエト社会主義も参入した東西文化交流の動脈でもあった。

この地を学ぶ者にとって、バルトリドは仰ぎ見るような巨人である。帝政ロシアからソビエト期にかけて活躍したバルトリドは、東洋学研究で知られたレニングラード学派の総帥にほかならない。彼の学問形成期は、ロシア帝国の中央アジア（トルキスタン）征服と重なったために、多くの写本はじめ貨幣や遺物を世界に先駆けて研究できた。その業績は、すべてオリジナルの史料か、彼がその目で確かめた観察に依拠している。日本の中央アジア史研究の泰斗だった故本田実信は、彼の仕事をすべて翻訳すべきだと語る亡命ロシア人と英国で出会った思い出を私に語ったものだ。この意味でも、バルトリドの代表作『トルキスタン文化史』が小松久男・東大教授らの手で訳されたことは喜ばしい。

彼の学問には幸運も左右した。とはいえ、こうした書物は誰でも書けるわけではない。前イスラーム期からモンゴルの支配を経て近代を迎えロシア帝国の時代にいたる長い歴史を、透徹したドイツ流の実証史観で描くだけでも、「トルキスタンのギボン」というにふさわしいだろう。そのうえイスラーム諸語を自在に駆使した写本の解読能力は他者の追随を許さず、本の叙述にも無駄な修飾は少しもない。

シベリアとトルキスタンの征服の異なる性格をシンプルに表現する感性も見事というほかない。シベリアでは国土の拡大が人民大衆の自然発生的な動きと結びつき国家の経営が後追いしたのに、人口が多く高度な文化をもっていたトルキスタンの征服は国家の指令で始まったと簡潔に表現するのだ。それでいて、アジアの政権よりもロシアのトルキスタン統治のほうが優れていると、ドイツ系ロシア人としての愛国心も忘れていない。

「信仰なき公正は、信仰の保護者たる君主の暴政よりも世の秩序を保つにまさる」という詩を引きながら、ロシアのトルキスタン統治を正当化する筆致も憎らしいほど自然なのである。

しかし、分析や評価はいつもバランスを失わない。たとえば、ロシア人の到来を歓迎したトルキスタン・ユダヤ人という珍しい存在を紹介しながら、ヨーロッパで何世紀もキリスト教徒と反目してきたユダヤ人がアジアではキリスト教徒を友や保護者と見なす「驚くべき運命のいたずら」もあると指摘する。

とはいえロシア帝国は、ユダヤ人とムスリムに同じ権利だけを認め、アルジェリアを支配したキリスト教徒のフランス人がユダヤ人に与えたような格別の特権を許さなかったと語るのだ。しかも、タシュケントにユダヤ人居住区を認めなかったのに、ムスリムの流入には寛大だったとロシアの政策を淡々と語る口ぶりこそバルトリドの持ち味といってよい。

そもそも、トルキスタンでのソビエト化が進行中の時期に書かれた本書は、大きく変化する時代を客観的に描けないとしてソビエト期の叙述を避け、せいぜい「現代の活動家が過去を知るのにこの概説が役立つ」（まえがき）と謙虚そのものなのだ。しかし、裏を返すと本書は、歴史家に要請されたソビエト革命の賛美や正当化に背を向けていたことになる。

実際、彼の仕事には、一九二〇年代末から「マルクス主義歴史家」たちによって執拗《しつよう》な攻撃が加えられた。彼が大粛清の始まる前、一九三〇年に死んだのは幸いだったかもしれない。しかし、「ブルジョワ的バルトリド学派」の弟子たちの中には粛清の犠牲になった者もいる。本書は、学問と政治リアリズムとの関係を改めて考えさせてくれる労作でもある。

宗教的理想に代わる現実的願望

ジョン・グレイ『ユートピア政治の終焉――グローバル・デモクラシーという神話』（松野弘監訳、岩波書店）

近代の革命運動は、他の手段をもって遂行する宗教的継続である――。『戦争論』のクラウゼヴィッツをもじった表現こそ、各種の近代ユートピア運動を扱った本書の骨子かもしれない。過去数世紀の啓蒙のイデオロギーは、世俗的発展の物語でなく、宗教性を帯びた信念によって大変動を引き起こした点でボリシェヴィキ、ナチス、ホメイニも同根だというのだ。マルクス主義が歴史を理想実現に向かう道筋として考えたキリスト教の伝統に由来するように、自由主義の進歩という考えもキリスト教の観念に影響を受けたという。

スターリン体制のテロや暴力は帝政ロシアから引き継いだもので、狂気を含むユートピア政治を目指す実験はナチスだけでなくソビエトでも行われたヨーロッパ的現象だった。二〇世紀のヨーロッパ自体が先例のないほど国家による殺人が行われた場所であり、欧米の発展モデルを非西洋諸国に強要する試みには「常に大規模なテロが含まれていた」のである。

著者はその実例として、過剰なキリスト教的正義感をもつブッシュ大統領によるイラク戦争を挙げる。リベラルな民主主義の導入とテロの排除は別筋に属する目標なのに、この二つが複雑にも米国の地政学的な利益と組み合わされたのだった。その結果、中東の大きな安定への前進が困難になったという見方は当を得ている。これまで非宗教的な専制政治とイスラーム教徒の支配のいずれかを受け入れてきた中東が、米国流でない自前の民主主義国家となる可能性を、米国が見過ごしてきたという指摘も正しい。

全体として理想とすべきユートピアを目指す民主主義があるにしても、それはルソーのいう「立法者」やイランの「大アヤトラ」のように、影の人物による隠れた干渉が国の路線を決める民主主義である。ルソーの構想のイスラーム教徒版こそ今後の中東を支配するという見方は、シーア派の運動には妥当しても、最近のスンナ派アラブ世界の民主化現象には当てはまらない。自由、法の支配、豊かさを求める点で欧米や日本の市民のように現実的願望が芽生えているからだ。とはいえ中東を含めユートピア政治を議論した試みは意義深い。

政権交代の悪夢

阿比留瑠比『政権交代の悪夢』(新潮新書)

筆者が全国紙政治部の現役記者であることを知る人も多いはずだ。阿比留瑠比という珍しい姓名に加えて、記者会見で菅首相が名前をわざわざ挙げて反論するジャーナリストも他にまずいないからだ。しかし、本書における菅政権批判の論調は鋭いにせよ、内容は論理的にも説得力にあふれている。民主党政権の大臣や有力者の出身母体を分析しながら、政権を旧自民党と旧社会党の合体した「五五年体制の完成形」と定義するあたりは鋭い。古い自民党政治に飽きた有権者は「新しい政治を選ぼうとして、もっと古色蒼然とした政治を掴まされた」という指摘は、政権交代に期待したはずの有権者のいまキツネにつままれた嫌な気分をうまく言い当てている。

とくに菅政権については、そこから田中角栄の直系政治家たる小沢一郎氏を排除した結果、より純化されて昔の社会党に近づいたというのだ。確かに、「疑似社会党政権」だと考えると菅首相らの政策、思想傾向、政治手法が理解しやすい。民主党では、自民党顔まけの子ども手当や高速道路無料化などのバラマキ政策を推進する一方、公務員の定員や手当の削減に反対しながら、国家や安全保障の基礎を真面目に考える議員が少なかった。

鳩山由紀夫氏を超える「史上最低の首相」を想定しがたかった筆者も、大衆迎合と「ずるさ」で首相になった菅氏のしたたかさを過小評価していたようだ。「愚かな内閣」から「卑怯な内閣」に変わった後に、「臆病」「うそつき」「無責任」の替え歌メロディーが永田町に広がったように、菅首相は大震災での対応ぶりでも「国民の軽蔑」を買ったというのだ。

閣僚が国会で嘘をついても責任を問われないという答弁書を閣議決定した点を挙げて、筆者は「逃げることにも、嘘をつくことにも何の抵抗も感じない恥知らずな内閣」ではないかと手厳しい。政権交代という壮大な「実験」も失敗に終わったという指摘はもはや誰もが否定できない事実である。一読した後、意志力と責任感に富むリーダーの出現を待望したくなる本である。

赤裸々な告白に驚き

御厨貴編著『近現代日本を史料で読む』（中公新書）

歴史も近代史ともなれば、史料は汗牛充棟といってよい。ことに、明治以降の日本史になると、公文書に加えて政治家の日記も史料の大海に加わる。そこには赤裸々な人間の告白があり、政治の舞台裏が見えてくる。大久保利通の日記が事務的で淡泊な記述だとすれば、木戸孝允の日記は自分の意見と感情に溢《あふ》れているといった個性の違いも面白いのだ。

政友会の平民宰相、原敬はまず鉛筆で日々の案件を手帳に記し、その後に罫紙《けいし》に浄書して和綴《わと》じ製本にまとめた上で、きちんと書棚に保管したというから将来の公開を意識していた。長い原敬日記を読み進めれば、徐々に政治の構図が変化する様子がうかがえる。さながら原から見た事実を積み上げた大河小説という趣もあるという指摘は興味深い。政治史の事実考証の材料という側面以外に、個人の私生活への関心をそそられるのも日記を読む楽しみだろう。

執筆分担者によっては大胆な記述をする人もいれば、禁欲性に終始する書き手もおり、歴史叙述の個性も感じさせる本だ。自由民権運動の思想家・植木枝盛の日記には、全国遊説などの一一年間に一〇〇人を超える女性との遊蕩《ゆうとう》が記録されており、名前も書き留められているというから驚く。謹厳そうな東大法学部教授の矢部貞治は、外国留学から帰国した日に「夜二年二ヶ月振りに静子を愛撫《あいぶ》す」と書いており、読者の度肝を抜く。或る日の記述などは、呼んだ芸者のうち誰それが印象に残ったと記述した。執筆者が、このあと矢部は「どうしたのだろうか」と学者らしからぬ詮索をしているのも、この本の魅力なのかもしれない。

高松宮日記のように、神社の宮司に相談したところ何かあれば取り返しがつかないから焼いたほうがよいという助言を、妃が斥《しりぞ》けて日の目を見た貴重な日記類も多い。歴史の醍醐《だいご》味をじかに味わえる素材への入門書として、長く読み継がれる良書といえよう。

歴史で混沌を乗り切る

日本人にとって、老境や混沌を乗り切る知恵を与えてくれる人物がいる。江戸後期に名著『言志四録』を書いた儒学者・佐藤一斎にほかならない。一斎から老いの人生訓について学ぶところは多い。彼は、精神を疲労させないことは養生であり、身体を働かせることも養生だと唱えた。しかし、一斎は、晩年に休息をとることだけを勧めたわけではない。むしろ、六七歳以降の或る時期に、「養生の工夫は、節の一字に在り」（「言志晩録」二八〇）と書いたように、何事にも行き過ぎず、休息にも思考とのバランスをとるべきだと考えていた。そこで、東日本大震災後に政治家や経営者のリーダーシップが問われ、世の行方に混沌の様相がますます漂っている現在、老年になって歴史を学ぶ意味を強調する一斎には教えられる点も多い。

佐藤一斎は、五七歳のときに書き起こした文章の中で、人の一生が幼時と老後の時を除けば四、五〇年くらいにすぎず、見聞する範囲は歴史の一片にも及ばないと述べていた。そこで大事なのは歴史書を読むことであり、それによって昔から今に至る数千年の事柄が自分の胸の内に広がり、痛快このうえないというのだ。歴史書を読む際には、人の心の動きと、事件の変わり具合に着眼せよと懇切に助言してくれる。

「人の一生の履歴は、幼時と老後を除けば、率《おおむ》ね四五〇年間に過ぎず。其の聞見する所は、殆ど一史だにも足らず。故に宜しく歴代の史書を読むべし。上下《しょうか》数千年の事跡、羅《つら》ねて胸臆に在らば、亦快たらざんや。眼を著《つ》くる処は、最も人情事変の上に在れ」(「言志後録《こうろく》」四八)

混沌を生きるというのは、どこかに自分を納得させる人生の指針をもつということだ。そのために書物を読むのは古今東西どこでも、いちばん確実な拠り所になる。とくに歴史書を読むと学ぶことが多い。こう語る一斎は、歴史に生きた聖人や賢者豪傑でさえ体も魂も皆死んだと思うと、頭を垂れるほど悲しくなると告白する。それでも、かれらの精神が今なお健在だと思うと、眼を開いて奮い立つと元気なところを見せる。

「吾れ書を読むに方《あた》り、一たび古昔聖賢豪傑の体魄皆死せるを想へば、則ち首を俯して感愴し、一たび聖賢豪傑の精神尚ほ存するを想へば、則ち眼を開きて憤興す」(「言志録」一四二)

これはまだ四〇代から五〇代にかけての或る時期に書いた文章である。私たちも映画や小説に接して、フィクションや脚色であると知りながら、むやみに主人公へ感情を移入し情景に興奮した経験をもっている。しかし一斎は、八〇歳を過ぎても、きちんとした歴史書を読みなさい、と私たちを諭すかのようだ。儒学の経書と歴史との関係は、法律と判例のようなものであり、事跡を書いたものはすべて歴史なのだからと主張する。具体的な事物に即して考えよというのだろう。易経は天地自然の道理、書経は政治、詩経は人の性情、礼記は人の交わりについて触れており、春秋が春秋時代の事跡を書いた歴史書であることは言うまでもない、と。

「史学も亦通暁せざる可からず。経の史に於けるは、猶ほ律に案断有るがごとし。推して之れを言へば、事を記すものは、皆之れを史と謂ふべし。易は天道を記し、書は政事を記し、詩は性情を記し、礼は交際を記す。春秋は則ち言ふを待たざるのみ」（「言志耋録《てつろく》」二二一）

それにしても一斎先生は、歴史書の春秋だけを必読だと言っているのではない。きちんと四書五経の一部を挙げてこれらを当然読むべしとこともなげに語るのだ。だから、時間がいくらあっても足りないほどだ、と。若い時分につまらぬ本にうつつをぬかすと老いてから苦労するとやや五月蝿《うるさ》いのだ。小説・軍書本・民間伝説・芝居の筋書きといった書き物は、淫靡な声や美しいかんばせのようなものだから近づかないほうがよい。自分も若い時に好きだったので、これらの本を読んだが、今になってしばしば後悔している、と一斎は語る。

「稗官《はいかん》・野史・俚説《りせつ》・劇本は、吾人宜しく淫声美色の如く之れを遠ざくべし。余年少の時、好みて此等の書を読みき。今に到りて追悔すること少からず」（「言志耋録」二二五）

かくいう私について言えばもう手遅れだ。若い頃に駄本を読んだだけでなく、今でも歴史学者でありながら各種小説を読み、歌舞伎文楽の類を観にいくのだから処置なしなのだ。しかし、混沌を深める現代、それもイスラームという一筋縄でいかない歴史を扱う学者なら、「稗官・野史・俚説・劇本」を読まないと混沌の解剖もできないと好い加減な自己正当化を図っている。さあ、読者の皆さんも私と一緒に、これからもどしどし面白い本を読み、毎日のように「追悔すること少なからず」と混沌のなかを自由に楽しく生きることにしませんか。ただし歴史の本もきちんと読むのですぞ。さすれば、一斎先生も仕方のない連中だと泉下でさぞかし苦笑しながら許してくれるはずです。

『エセー1』

悲しみに耐える人々へ

モンテーニュ『エセー1』(宮下志朗訳、白水社)

東日本大震災を受けて悲しみという感情をいつも考えている。悲しみにも国民性があるようだ。イタリア人は悪意のことを「悲しみ」と表現したように、悲しみを常に有害で思慮に欠けるものと考えたようだ。悲しみを往々にして臆病で卑しいものと斥《しりぞ》けたのはストア派の哲学者たちである。

これに対して、日本人には悲しみをどこか自然と一体化して捉えるところがある。大震災にも毅然《きぜん》としていた被災者の態度が海外から称賛されたが、日本人も必死に悲痛を堪《こら》えているのだ。日本人の悲しみは、ある瞬間に堰《せき》を切って激しくほとばしるのである。

一六世紀フランスのモンテーニュの『エセー』は、悲しみを静かに癒やしてくれる本だ。その表現は、日本人の悲しみを言い表すかのようだ。「すでに悲しみに満ちあふれていたから、ほんの少しの悲しみをつぎ足すだけで、こらえにこらえていた堰が、一気に決壊してしまったのである」(第一巻第二章)

被災した各地では人知れず悲しみを激しく表した人も多かったに違いない。マスコミ取材陣の前では、控え目な涙を流していた人びとには、いかなる手段を尽しても表せない悲しみというものがある。

モンテーニュは、悲嘆の涙にくれて気持ちがゆるんでくると、なにかしら気分がすっと解き放たれて、ゆったりした気分になると語る。さながら被災地の人びとは、出すべき声もあげず、滂沱《ぼうだ》の涙も内面で抑え、静かに現場に立ち尽くしてから数日あるいは数週間過ぎると、突如として強い悲しみに襲われたはずである。

妻を失い、幼いこどもに先立たれながら生きていく夫や父の悲しみは、虚脱感や激しい興奮といった次元の感情で理解できない不条理そのものである。

悲しみという感情を常に抑制したモンテーニュでも、ローマのストア派哲学者セネカの言葉に言及するのを忘れていない。

「小さな悲しみは口に出せるが、大きな悲しみは口をつぐむ」

悲しみに耐えながらそれを克服する日本人にとっても、『エセー』の文章は静かな勇気と穏やかな情熱を与えてくれる。

賢人が導く良き政治

ヒューム『道徳・政治・文学論集　完訳版』(田中敏弘訳、名古屋大学出版会)

菅直人首相の日々の言動に絶望している市民にとって、日本政治の現状を静かに反省する手がかりとなる書物である。一八世紀英国の哲学者ヒュームは『人間本性論』の著者として知られるが、本書のような道徳と政治にまつわる珠玉の学術エッセイ集も後世に残した。

なかでも「厚顔と謙虚さについて」という文章は味わい深い。ヒュームによれば、厚顔という性質は才能をこれ見よがしに見せびらかすのに対して、謙虚さにはそれを隠す自然な傾向がある。この特徴こそ、「身分が低く長所に乏しいというすべての不利な立場のもとで、多くの人が立身出世した唯一の原因」だというのだ。ヒュームの考えでは、謙虚さは外見上自信の無さに似ているので不利益を蒙《こうむ》ることも多かった。

「本物の生まれつきの厚顔」な人間ほど世間を巧みに渡れる者はいない。しかし、いくら厚かましくても何かの企てに失敗するなら、失敗は彼を狼狽《ろうばい》させるだろう。あらゆる赤面は次の赤面につながる、とヒュームは表現する。恥は恥を呼ぶということだ。しまいに、彼は「悪名高い詐欺師で、空しく厚顔を装う者であることが分かる」、と。

「人間本性の尊厳ないし卑しさについて」というエッセイも現代政治を考える上で有益である。確かに世には、賢明な人や有徳な人と呼べる人は少ないかもしれない。しかし、賢明な有徳とは知恵や美徳の質の度合いにかかわるものでなく、或る人を別の人と比較する作業から生じる考えなのだ。世界に賢人はほとんどいないと断定することは、実際何も言っていないに等しい。あえていえば、誰が首相になっても同じという言説は間違いである。ヒューム風にいうなら、比較すれば高い知恵をもつ人が必ず存在し、その人はよりましな首相として国民を導けるということなのだ。いわば無政府状態の危機に瀕《ひん》した日本をもう一度文明社会へ戻すために勇気を与えてくれる重厚な書物である。

凶刃に斃れた「陸軍エリート」

森靖夫『永田鉄山――平和維持は軍人の最大責務なり』(ミネルヴァ書房)

いつの時代でも、どのような職業に就いても必ず成功すると思わせる逸材がいる。昭和一〇(一九三五)年に殺害された永田鉄山もそのようなタイプであろう。幼年学校、士官学校、大学校をいつも首席や優等で卒業した永田は、確かに大秀才に違いなかったが、カントの『永久平和論』を演説に引用し、欧州の女性から熱烈な恋文をもらい、好きな酒でも興に乗れば裸踊りをする余裕もあった。交友範囲には東大気象学教授の藤原咲平や岩波書店の岩波茂雄もおり、天皇機関説を否定せず平和と国民のための軍隊を構想していた常識人だったと著者は語る。

将来の陸軍大臣候補だった永田は、陸軍省の政策決定の責任者たる軍務局長の時に直情径行の相沢三郎中佐に斬殺され、日本の未来は東条英機のような凡人に託された。著者は、永田が陸軍省や参謀本部でなく教育総監部の勤務で粘り強くキャリアを積んだことを重視する。永田少佐三六歳の時に出された『国家総動員に関する意見』(一九二〇年)は、国民、産業、交通、財政、精神などの分野で計画的に戦時動員するヴィジョンを描いている。永田らしいのは、政府が強制するあまり国民に不利を与えてはならず、つとめて「国民福祉の保護」を心がけるように強調していた点なのだ。著者は、永田が軍の政策形成において政党と国民の理解や協力を求めることをいつも念頭においていたと主張する。

永田のバランス感覚は、長州閥打破の集いとされる一九二一年のバーデン・バーデンの盟約にも発揮された。著者は、この伝統的な在外駐在軍人の集いを新派閥の成立でなく、派閥打破による陸軍の結束を呼びかけたと考える。確かに、軍規や統制を生涯大事にした永田が派閥的な発想をしたとは思えない。永田は、自分も息子もボーイスカウトに入り、民間での教育や実践にも熱心に参加した。驚くべきことに、陸軍省の中枢に入った永田は大正デモクラシーの現実を踏まえて、政党政治との共存を図り陸軍大臣の文官制導入にも反対しなかった。陸相は国務大臣である以上、政党内閣と歩調を合わせるべきだという至極まっとうな判断からである。永田は、文官大臣が登場した場合には、統帥権独立への関与を現役軍人の場合とほぼ同様に認めるという考えだったらしい。

軍事課長から軍務局長に上りつめた永田は、統制を乱す派閥抗争や党派人事の横行に苦しんだ。一九三一年の満州事変のように統帥権を楯に内閣を無視するような行為でなく、内外の支持を得る準備期間を設けながら内閣主導によって出兵を行うべきだと考えていた。軍人クーデターの未遂など統制の乱れは、永田に皇道派を一掃し下剋上の風潮を根絶させる決意をさせたが、死によって果たせなかった。相沢中佐ともよく話し合い、理性的な人事と漸進的な改革の信念を説いてやまなかった。石原莞爾が永田の奇禍に際して「何だ、殺されたじゃないか」と、さも当然のように言い放ったというのは、器量が小さすぎる。著者は、永田の死が現代にも多くの示唆を与えてくれると語るが、その意味や内容に触れていない。次回はこのあたりの意見を詳しく聞きたいものだ。

英雄悩ますストレス

家近良樹『西郷隆盛と幕末維新の政局――体調不良問題から見た薩長同盟・征韓論政変』（ミネルヴァ書房）

西郷隆盛が明治六（一八七三）年に朝鮮派遣使節に志願しながら挫折し下野した謎を、老齢や過度のストレスから解き明かす興味深い書物である。著者によれば、健常者中心の視点は、閣議にも出られないほど体調が悪かった西郷の高齢や喫煙の悪習を無視しがちであり、歴史家は心身の変化をもっと見るべきだというのだ。大久保利通でさえ下痢に悩まされ、木戸孝允も胸や脳の痛みと下痢に苦しんだように、明治のリーダーたちは政治課題の大きさに心身が圧迫されていた。太政大臣三条実美との大事な会談に際して、西郷が下剤の服用を抑えたか止めたと推測する著者は、ひどい下痢症状の影響を見逃さない。

こうして著者は、幕末以来の政治活動に伴う疲労の蓄積と加齢こそ西郷の体調不良をもたらし、彼を死の誘惑に駆り立てたと考える。薩摩藩はじめ士族の救済を願う西郷は、井上馨や山県有朋らの腐敗や不祥事への絶望によって神経を傷つけられ、死を急いだというのだ。確かに、これまでの政治史研究において、健康な学問意欲をもつ学者たちは、対象人物をあまりにも自分の物差しで量ってきたきらいもある。

病気という観点を明治維新史で強調する著者は、島津久光が病魔に倒れ西郷や大久保に歴史転換の舵《かじ》取りを奪われていく過程を描いた。京都の政局で「頑固なるもの」「万事姦計《かんけい》をめぐらし候者」とこきおろされた大久保と違って、時世の変化に対応でき「随分筋道も分かり易く」と評価された小松帯刀《たてわき》が足痛を悪化させた事件も詳述される。大政奉還を認めた小松は、土佐の後藤象二郎らと新政府構想を練る健康な能力をひとまず欠いたせいもあり、西郷や大久保など過激倒幕派が勢いを得たというのだ。「このことが薩摩藩ひいては日本国そのもののその後の運命を大きく変えることになった」という著者の主張は正しいだろう。歴史の劇的変化を病気や体調不良という要素から見直す視点は、現代政治を考える上でも参考になる。

「ヤマト民族」の優秀性強調しすぎ説

エイミー・チュア『最強国の条件』(徳川家広訳、講談社)

現在の国際関係を考える上でも有益な書物である。強国のなかにも「最強国」とそうでない強国があるという筆者の議論は正しいだろう。漢やローマは最強国であったが、アステカ帝国は最強国でなかった。この差異はどこから来るのであろうか。

筆者は、最強国の条件として三つを挙げている。その第一は、国力全般において同時代の既知のライヴァルを上回っていることだ。第二は、軍事力と経済力で同時代の地球のどの国家よりも勝っていることである。第三は、地球的な規模で影響力を発揮する強国だということであろう。

こうした条件を考えると、意外なことに、ルイ一四世のフランスや冷戦時代のアメリカは最強国でないことになる。また、いちばん大事な条件は寛容さだという指摘は間違っていない。それは、いまのアメリカやアケメネス朝ペルシア、さらにモンゴル帝国や大英帝国の寛容性を意識すれば正しい説だからである。

オスマン帝国もこのカテゴリーに入るに違いない。人種構成の多様さを逆手にとるしたたかさをもたないと最強国になれないのは、いまのアメリカに限ったことではない。たとえば紀元前五百年のペルシアの首都ペルセポリスでは、ギリシア人の医師、エラム人の書記、リュディア人の木工職人、イオニア人の石工に加えてサルディア人の鍛冶師も住んでいたというのだ。まるでいまのニューヨークのようではないか。

日本が最強国でなかった理由は何か。それはあまりにも人種的な偏見が強く、「ヤマト民族」のエリート性と優秀性を強調しすぎたからだという指摘は示唆に富んでいる。征服と支配を正当化するために、自分たちの純粋さを強調するようでは、「最強国」にはなれないのだ。優秀な人材の忠誠心を奮い起こし、かれらに全力を発揮させることができるのは寛容さだけである。これは歴史的な教訓に充ちた言葉であろう。

ソ連民族政策の矛盾

テリー・マーチン『アファーマティヴ・アクションの帝国――ソ連の民族とナショナリズム、1923年〜1939年』（半谷史郎監修、明石書店）

アファーマティヴ・アクションとは、アメリカの歴史や政治で使われる用語である。差別に苦しめられてきたエスニック集団の人びとを優遇する政策のことだ。著者は、ソ連こそ世界史上初めて少数民族のためのアファーマティヴ・アクションを実現した国家と考える。地元民幹部の積極的登用や民族語の公用語化などがその具体例である。

レーニンやスターリンは、ナショナリズムの巨大な力を見抜き、これを社会主義に利用するために民族の枠組みや形式をつくることで、反革命を団結させるナショナリズムの力を骨抜きにしようとした。ナショナリズムの武装解除を、民族らしい形式を整えながら実現しようとした戦略こそ、「アファーマティヴ・アクションの帝国」だったというのだ。

ナショナリズムは動員力のある極めて危険なイデオロギーであり、階級を越える結束をもたらしかねなかった。レーニンたちは、民族意識も歴史が通過すべき一段階であり、非ロシア人によるロシア人やロシア帝国の支配への反発を過小評価する傾向を、社会主義建設に有害だと考えたのである。このために、内容や実質を伴わない「民族」を作りながら、単一にして集権化されたソヴィエト国家を形成したのである。著者によれば、一九二二年以降のソヴィエト連邦の結成は、領土という民族らしい形式の完成ではあっても、自治が許された民族領土の連邦の成立を意味しなかったというのだ。

著者の見方は正しい。確かに、創出した非ロシア民族の強化に取り組んだ多民族国家は、もはや伝統的な帝国とはいえない。しかし、「帝国」でありながら自らを「反帝国の国家」と位置づけた点には、最初から自家撞着《どうちゃく》の矛盾も潜んでいる。著者はこの事情に楽観的であり、ソ連解体の必然性に関心が稀薄《きはく》なのが物足りない。ソヴィエト連邦が解体する内部メカニズムを最初から孕《はら》んでいた点にも触れていたなら、本書の説得力はさらに増したはずだ。

率先垂範のリーダー

中村彰彦『海将伝　小説 島村速雄』（文春文庫）

中村彰彦氏の『海将伝』の主人公、島村速雄はリーダーシップの問題が問われる現代の政治家や経営者にはまぶしいほどの人間であろう。島村は、安政五（一八五八）年に土佐藩郷士の家に生まれた。日清日露の海戦に参加した海軍成長期の勇者は、軍令部長の栄職で長い武人の生涯を終えた。その存在感は、まさに兵に将たる器というだけでなく、将に将たる器ともいうべき重厚な輝きにあふれている。

日露戦争の日本海海戦を決したのは丁字戦法である。その基礎となる単縦陣を発想した人物こそ島村にほかならない。そのうえ、花も実もある武士の情けに通じた古典的な軍人でもあった。まさに武士道の精華といっても誇張でない男なのだ。

文筆家や記者でも、海軍参謀本部や海軍士官学校などと平気で表記する御時世である。近代日本の海軍が近代化の一環として人材の発掘と開発で果たした役割を正当に評価できない人も多い。そういう向きには、島村速雄の生涯を描いた本書をまず読んでほしい。日本は幕末維新から明治初期にかけて列強の熾烈な国際対立のなかに埋没して姿を消す危険に遭った。この眇《びょう》たる島国を救った功績は、抽象的な陸海軍の勲というよりも、それを支え育てた国民とその期待に応えたリーダーたちのものである。

なかでも島村は、軍人としての戦略と戦術のセンス、指導者たる大局観と公平さ、明治の日本人らしい大らかさと闊達さの点で余人を寄せつけない逸材だった。日本海海戦の英雄、東郷平八郎さえ年が老いると艦隊派にかつがれて軍縮に反対し、大艦巨砲主義の象徴として晩節を汚した。作戦参謀の秋山真之も、あまりの神憑りめいた海戦の勝利に呆然として、超自然的な奇跡を信じる宗教者の相貌を深めていく。

この二人と比べるなら、日露戦争勝利の隠れた功労者たる島村の生き方には一貫してブレがない。そして、阿諛《あゆ》追従や迎合に無縁であり、狷介さや傲岸に通じる虚栄心もなかったのだ。本書を一読すると、軍人たるにふさわしい資質という以前に、人間としての爽やかさに、読者はまず感動することだろう。

島村の生涯を特徴づける責任感と率先垂範の特性は、兵学校七期の生徒時代に起きた学内騒動の時から発揮されていた。彼は、不始末を犯した全員の責任を自ら買って出る侠気に溢れていた。艦隊参謀になって色々と訓練に工夫をこらしても、ことさらに新知識を振りかざして慣れない下士官を辟易させるタイプでもない。

若い参謀が司令長官との食事に遅れても職務で時間を忘れていた、とさりげなくとりなす気配りの人でもあった。他方、自分の力を過信して司令長官の助言を無視する生意気盛りの若い士官候補生には、先人の豊かな経験と見通しを尊重するように諭すバランス感覚の持ち主でもある。要するに、春《しゅん》風駘蕩《ぷうたいとう》たる島村の行くところ、空気はやわらぎ、人びとのささくれだった心は落ち着きを取り戻すのだった。

島村の個性をうまく引き出したのは、この司令長官つまり伊東祐亨《すけゆき》の大人めいた鷹揚さである。ふっくらとした桃太郎のような伊東は、名前の読み方を訊かれて「ゆうこう」と読む大雑把な薩摩人であったが、薩英戦争や幕府の三田薩摩藩邸焼き打ちなど幕末の騒乱をくぐってきたつわものであった。とにかく島村の新知識を信頼し、万事を島村と相談して進める長者の風格をもっていた。

二人の息の合ったコンビぶりは、日清戦争のとき、清国の北洋水師の丁汝昌への名誉ある降伏勧告や、丁の死後に捕獲船舶のうち運送船一隻で柩を送らせた武士の情に発揮された。この発案者も島村である。連合艦隊の将士がすべて甲板に整列、礼装で威儀を正した伊東は敬礼をもって葬送の儀式をおこなった。この有様は万国の記者や世論を感動させ、日本人の武士道精神を世界に知らしめた。島村はこうした美談が話題になっても自分の功を少しも誇らない。この奥床しさこそ彼の真骨頂であった。

島村は、中国で部下が事件に巻きこまれても官費を請求せず、自費で中国側に見舞金を支払ったという。外交問題になることを避けて自分の才覚で処理する潔さが素晴らしい。その絵姿はまさに中村氏も語るように、「模範艦長」の渾名にふさわしいものなのだ。その率先垂範ぶりが讃えられたのは、義和団事件（北清事変）のときである。日本の陸海軍の国際法に則った作戦と居留民保護は、モラルの低い列強のなかで異色のものである。

巡洋艦「須磨」の艦長だった島村は、陸戦隊を指揮して上陸した。自らの受け持ち区域でなくとも、防御が薄いと見れば自主的に哨兵を出し、自らも徹夜の哨戒勤務に付き合った。こんな高級指揮官は世界のどこにもまずいない。中村氏は、艦長が下士卒と労苦を共にするのは当然と、島村が考えていたと推測している。これはまず肯綮《こうけい》に中《あた》っているだろう。島村の振る舞いに感心した英軍指揮官は、自軍のインド兵十数名を島村の指揮下に入れて欲しい、と虫のいい申し入れをしてきた。中村氏の筆致は誇らしげである。

してみれば、常備艦隊参謀長に補任された島村を下士官たちが自らオールを握って端艇で異動先の艦に送り届けたという異色の逸話も、ますます自然に思えてくる。日清戦争で黄海や威海衛の海戦などで日本が勝利を博した陰に島村がいたことは疑いなく、日露戦争が始まると旅順湾閉塞作戦などでも軍功は少なくなかった。

しかし、このように新聞に書かれると、島村はきまってそれを否定し、これは誰それの功績とわざわざ説明を重ねる。誤解は大いに迷惑だと言い張る実直さなのである。まさに、「土佐いごっそう」の面目躍如というべきであろう。

島村は情けのある武人であっても、闇雲に正義感を振りかざすヒューマニストではない。大連湾の近くで戦艦「八島」と「初瀬」が機雷に触れて沈没する大事件が出来した。連合艦隊司令長官の東郷も島村も「無念」とか「惜しいことをした」とは決して言わなかった。軍人として戦場での犠牲はとうに覚悟しているということなのだろう。何事もなかったかのように執務する二人を見た兵員たちは、かれらがいれば戦も大丈夫だと思ったというのだ。これがリーダーシップというものだろう。

責任感の強い島村は、戦艦「八島」などの沈没についてひそかに自分を責めていた。東郷司令長官を代えるわけにはいかない。そこで名利にこだわらず出世欲の薄い島村は、旅順口閉塞の失敗や黄海海戦での駆逐艦の夜襲失敗の責任を併せとって参謀長を辞任し、第二艦隊第二戦隊司令官に転出したのではないだろうか。これが謎めいた島村辞任にかかわる中村氏の解釈なのだ。バルチック艦隊との対決前夜における栄職の辞任はいかにも島村らしい進退というほかない。このように、中村氏は実証と推論を重ねて謎を解いていく。この背景説明はすこぶる説得力に富んでいる。実際、その後も東郷はいろいろと島村に気遣いを示し、戦争中は彼の労苦を忘れなかった。

島村速雄は多くの事績で歴史に名を遺した人物である。しかし彼は、自分が去った後の連合艦隊司令部で東郷その人も、秋山作戦参謀も悩んでいた問題を、快刀乱麻を断つかのように解決した。島村は、多くの逸話が忘れられても、決定的な瞬間での揺るがぬ確信によって歴史を動かした事実で後世の記憶に残るだろう。それは、バルチック艦隊が対馬海峡を通ると揺るぎなく断定したことである。

秋山作戦参謀でさえ焦燥に駆られていた。対馬を通るにしてはバルチック艦隊の接近は遅すぎる、太平洋から大きく迂回して宗谷海峡や津軽海峡に向かったのではないか。こう疑った秋山は連合艦隊を北方に移し、宗谷や津軽を通ってウラジオストークを目指すはずの敵軍を待つべきではないかと焦りを深めていた。作戦会議の大勢は北方移動を可とする雰囲気であった。

しかし、遅れて出席した島村は迷いを見せず、ロシアの艦隊に海戦を知る者が一人でもいれば、必ずウラジオストークまでの最短距離の対馬水道を通ると東郷に説き、東郷もこの献策を受け入れた。島村の意見が通ったのは、司令官や参謀の誰もが畏敬する彼の信念と識見の高さのためであった。あえていえば島村のリーダーシップには、誰もが心服せざるをえない威厳が備わっていたのである。作戦上いちばん大事な敵艦隊のルートと主戦場の選定において、彼はブレない決断力を発揮したのだ。

島村死後の日本海軍の沈滞ぶりは痛々しいほどだ。強力なアメリカ海軍と戦えないと明言する勇気を失った東郷らを眺め、国を一旦死滅させることになる海軍の終焉を見られたとすれば、その責任を島村はどう考えたのであろうか。まさに中村氏も語るように、島村速雄は日本が世界の一等国の仲間入りを果たしたところで忽然として逝った。

土佐人として最初の元帥になった島村は、土佐人の軍令部総長永野修身がアメリカ相手の太平洋戦争を開く無謀さを見ずに幸いであった。土佐人の坂本竜馬がつくり島村速雄が慈しみ育てた海軍を、土佐人最後の元帥永野が無惨にも潰したのである。私はこれ以上の歴史の悲劇と皮肉を知らない。

中韓との越えられぬ溝

波多野澄雄『国家と歴史――戦後日本の歴史問題』（中公新書）

隣国と共通の歴史認識と共通の教科書を何故に作れないのかという声をよく聞く。しかし、国家と歴史との関係は単純でないことを本書は教えてくれる。戦争や植民地支配だけの問題ではない。体制の異なる国では歴史を共有することがそもそもむずかしいのだ。

日中歴史共同研究に参加した筆者は、歴史認識の共有が望めなくても、誤解や先入観、偏見に基づく誤り、あるいは誇張されて伝えられる歴史を排除し、正すことで不必要な摩擦を避けられると主張する。同じ共同研究に加わった私もまったく同感である。

また、日中戦争の不幸な時期を除けば圧倒的に長い友好と交流の時代を冷静に見つめ直すことで、「日中の歴史的な存在意義や分かちがたい関係を確認する」という見方も正しい。

日韓歴史共同研究の難しさは、日中関係とはまた異質なものである。教科書問題と切り離して共同研究を進めようとする日本側と、教科書記述の是非を争点とする韓国側の認識は、研究と教育、学問のあり方と国家の規制原理をめぐる日韓の立場の違いでもあったからだ。そもそも歴史教育を「愛国主義教育」や国家観涵養の場ととらえる中韓と、完全な検定制度で自由な歴史記述を教科書に認める日本との間には、越えがたい溝がある。

それにしても、平和国家論を表でふりかざした戦後日本は、過去の戦争評価について公的検証や説明を避けてきた。こうした政府の態度は、公的な慰霊や顕彰の対象となるのは誰なのか、国家補償すべき真の戦争犠牲者とは誰なのか、戦争責任者とは誰なのかについて曖昧なままにしてきた。

明確な答を避けたままに、公務に殉じた日本人への償いを優先した歴代政府の立場では、たとえ平和国家論を前面に立てようとも、対外的理解を得られなかったという著者の指摘は、大いに説得力に富む。透徹した歴史観と堅固な実証性が結びついた現代史の力作である。

オランダ人が見た世界

松方冬子編『別段風説書が語る19世紀』（東京大学出版会）

鎖国時代の徳川幕府は、海外事情にまったく無知だったわけではない。長崎のオランダ商館長が毎年提出した和蘭風説書を通して欧州やアジアの国際関係をそれなりに認識していた。幕末になると、一八四〇年から五七年にかけて現インドネシアのバタフィア（現ジャカルタ）の東インド政庁から別段風説書なる世界情勢の概要が幕府に送付された。

本書は、カントンやシンガポールの新聞を主要情報源とする、別段風説書の蘭文テキストを注釈しながら、丁寧に和訳したものであり、オランダ人の世界認識の範囲と特徴を知る上でも興味深い史料である。

ことにアヘン戦争をめぐる清と英国との関係は、一八四〇年から四五年までの別段風説書の最大関心事にほかならない。一八四三年の別段風説書は、決戦地の鎮江を防御した「タタール人」（満州人）が漢人よりも勇敢であり、数時間も「粘り強い防衛」にあたったと伝える。「最大の勇敢さをもって、一インチたりとも城壁を敵に渡すまいとした」と。

日本に開国を促すために、国際政治の厳しいリアリズムを伝えようとした別段風説書は、日本から離れた欧州の一八四八年革命や五三年以降のクリミア戦争についても詳しい。しかもクリミア戦争については、ドナウ河口や小アジアの戦線模様も詳細に扱い、外国史に関心のある読者の好奇心を満たす内容にもなっている。そのうえ、トルコの軍団がロシアに敗れたのは、「大部分が無規律な諸部隊」から成っており、エジプトなどの援軍が戦争に慣れていないからだと鋭い分析を示していた。また、エジプトの副王アッバースが毒殺あるいはマムルークによる絞殺で死んだといった興味深い異説も含まれている。

ただし、なかには噂《うわさ》や風聞に基づく情報も入っており、史実の真贋《しんがん》を見抜くのが難しい場合もある。ともかく五人の著訳者による努力の結晶は歴史ファンには有益このうえもない。

「自立主義」の独創性解き明かす

上田美和『石橋湛山論』（吉川弘文館）

石橋湛山は日本の保守政治が誇る自由主義者の一人である。独創的な自立主義と経済合理主義を信じる独立自尊の評論家であり政治家でもあった。しかし、戦間期に唱えた「小日本主義」は、戦時の大東亜共栄圏における内地海外の分業論に見られる国策への協力と矛盾し、戦後の自立主義による憲法改正論は日中米ソ平和同盟の理想に反するのではないか。

こうした疑問に対して、著者は丹念な史料調査と聞き取りによって、小日本主義でなく自立主義こそ、大正デモクラシー期の論壇に始まり戦後に自民党総裁・首相として政界の頂点を極めるまで、石橋の一貫して不変の柱だったと解き明かす。見事な研究成果である。

確かに小日本主義は、植民地や海外領土での既得権の放棄や、抑圧された民族の自立主義への配慮を核としていたが、彼が中国の自己統治能力を疑ったのは自立主義が自己責任を要請するという独特な論理からであった。民族自決には自立主義と自己責任が伴うとした石橋の主張は、「強い個人」のように「自立能力のある強い民族」を想定していた。

敗戦後の石橋は、「自己によること」「自己決定」「自己責任」を思想の骨格としながら、「どこまでも米国をリーダーとして、共同して中共問題を解決したい」と、対米協調を対米自立と両立させる道筋を志向した。対米協調と自己責任が結びつくなら、石橋の外交安全保障論は当然にも自主防衛の立場に傾斜することになる。

全面講和論の安倍能成に「将来日本に力が出来れば自分でやるべき義務がある」と述べたのは、政治リアリスト石橋の真骨頂であった。「絶対平和主義」や「平和の砦《とりで》」を信じる安倍に対して「理想はいい」とにべもないのだ。

著者は、石橋の政治姿勢をリアリズムの観点からあまり分析していないが、戦中の「愛国的戦時抵抗」や戦後の非武装中立論の拒否は、評論家から政治家に至る石橋に一貫する自立と経済合理性を支えたリアリズムの発露でもあったのではないか。「評論を生かして現実化する」という石橋の信念は、政治リアリズムで検証されない理想を政治家が抱く虚《むな》しさへの厳しい批判ともなっている。

政治史から現代を照射

坂野潤治『日本近代史』（ちくま新書）

日本近代史の研究をいつも主導してきた坂野氏の最新成果である。著者は、日本が激動した一八五七（安政四）年から一九三七（昭和一二）年までの八〇年間を、改革・革命・建設・運用・再編・危機という六つの時代に区分しながら、日本の成功と挫折の原因を構造的に読み解こうとした。

たとえば、西郷隆盛という明治維新のキー・パーソンは、幕末政治勢力の「合従連衡」に際して、有力大名ではなく家臣の「改革派」を取り込もうとした。それが水戸の武田耕雲斎のような「攘夷派」であっても、越前の橋本左内のような「開国派」であっても構わない懐の深さをもっていたと鋭く分析する。

幕府改革を目指す各藩の有志はすべて西郷の同志であり、この構想力と人脈を欠いた点こそ、島津久光と大久保利通らの限界であった。しかし西郷も、廃藩置県後には「富国強兵」のうち「強兵」にとらわれて外征論者となる。それに反して、大久保は「富国」のラインにある殖産興業を重視して近代日本の土台造りに成功した。こうしたダイナミックな構造分析と人間描写が本書の魅力なのである。

折々の日本政治の問題を現代の政局に照射する視点も鋭い。一九二四（大正一三）年に、強硬外交を唱えた憲政会が国際協調と中国内政不干渉の政策に切り替えた。反対に政友会内閣は帝国主義型外交に舵《かじ》を切った。幣原喜重郎が「外交政策継続主義」と名づけたように、二大政党時代の日本で、帝国主義型外交とワシントン体制型外交を交互に変更しては、同盟国も対日政策を一定できず、日本の対外的信用は失墜してしまう。

この「外交政策継続主義」の重要性は、「二〇〇九年成立の鳩山由紀夫内閣の失敗を経た今日のわれわれには、十分に理解できよう」と。「学者間の議論」ならいざ知らず、「政治の世界で通用するはずがない」という指摘は、現実味のない議論を誰かに振り付けされた鳩山氏らへの皮肉あるいは同情にも聞こえる。

二一世紀の「パンとサーカス」に抗して

グループ一九八四年『日本の自殺』(文春新書)

「日本の自殺」とは、なんとも刺激的なタイトルではないか。しかし、これほど的確に日本が二一世紀に陥る病理を言い当てた予見の文章も少ないだろう。匿名の「グループ一九八四年」が書いた論文は、一九七五年の『文藝春秋』二月号に掲載された。

そこでは、勤勉だったローマ人が消費に狂奔し、気儘に権利を主張するあまり義務を忘れ、挙句の果てに繁栄の代償として歴史から消え去った教訓に日本が学ぶべきだと主張するのだ。歴史に範を求めた警世の言は、当時の日本社会でも大きな反響を呼んだ。経団連会長の故土光敏夫氏はコピーをあちこちに配ったという。

そして、日本で財政破綻が現実味を増す危機にあって、『朝日新聞』が本年一月一〇日付朝刊で「明日の社会に責任をもとう」(筆者は若宮啓文氏)なる論説で「日本の自殺」をとりあげた。論壇で立ち位置の違う朝日新聞がほぼ四〇年を経て文藝春秋の主張に同意するのは、それだけ日本を覆う危機の深さと広がりが各界の識者間で深刻に共有されていることを意味する。

「グループ一九八四年」の著者は、佐藤誠三郎・公文俊平・香山健一などの諸氏とされている。論文が出されたときには、『日本人とユダヤ人』の著者イザヤ・ベンダサンは誰かといった関心と同じように、書き手の正体を探る知的な謎解きも話題になったようだ。この論文発表からしばらく経って東京大学教養学部に勤めた私にとって、著者には村上泰亮氏も入っているのではないかと推量したことも懐かしい思い出である。香山氏が筆者の中心人物と知ったのは、ずっと後になってからのことだ。

この論文の骨子は、あらゆる文明が外からの攻撃でなく、内部からの社会的崩壊によって破滅するという主張にほかならない。つまり、繁栄した文明の没落は、社会の衰弱と内部崩壊を通じての〝自殺〟であり、原因は自然災害や外敵の侵略よりも住民内部の腐朽にあったというのだ。この指摘は、歴史を学ぶ者にとってさほど目新しいものではない。

しかし、古代史の現象をたくみに現代の抱える病理と重ねるメス捌きや、ネーミングの妙などがこの論文の説得力を増すことになった。たとえば、繁栄を求めて流入する人口でローマ市が膨張を続けた結果、小さくても強固な結束を誇ったコミュニティを崩壊させた様子を「大衆社会化状況」と呼び、ポエニ戦争などで土地を失い経済的に没落し無産化した市民が救済と保障を求めた内容を「シビル・ミニマム」と名付けたのは、今見ても巧みな修辞というほかない。

また、古代ローマのユウェナリスの『風刺詩集』で知られていたとはいえ、「パンとサーカス」という対句によって、ローマにおけるインフレと利己主義の蔓延を説明しようとしたのも見事である。市民大衆の支持や人気を得るために政治家たちが働かない者にも「パン」を与え、時間をもてあました市民大衆が働くべき時間の代わりに、退屈しのぎで「サーカス」を求めるといった塩梅の説明であった。

「パンとサーカス」とは、西暦紀元前三〇〇年から紀元後三〇〇年のあいだ、ヘレニズム時代からローマ時代にかけて古代人に見られた生活現象を比喩的に表現したものだ。もともとは、自治体のどの有力者も一種の階級モラルのために人民へ寄贈をおこない、人民もそれを当然視する慣習であった。ローマの元老院議員たちは、ローマ市の平民のために各種の競技会（サーカス）を開催し、支持者や兵士に象徴的な寄贈を分配したものだ。

これこそ、公然と選挙腐敗を招いたとフランスの古代史家ポール・ヴェーヌは指摘している。ローマ皇帝は、市民に安いパンと剣闘士の試合を確保していたので、人民から帝国きっての恵与者もしくは贈与者として人気を博していた（鎌田博夫訳『パンと競技場』法政大学出版局）。

言い換えれば、こうした恵与や贈与をしない政治家は、平民から見放されることにもなった。地方の有力者たちは、こぞって利益誘導にもつながる建築や土木の工事にも熱心であった。いまはイスラーム世界となったトルコやチュニジアの廃墟と化した古代遺跡も、地方の有力者が都市とその住民に寄贈したものだった。

ヴェーヌのひそみにならえば、日本において、多くの県庁や市役所、学校や体育館、さらにはダムと高速道路が地方の富豪や資本家によって鷹揚に寄付されたと思えばよい。そのうえ、教職員や有権者たちがことあるごとに美味しい酒やケーキを振る舞われ、サッカーや野球の観戦が無料で楽しめるような事態を想像してみよう。

こうしてグループ一九八四年は、ローマで進行した自壊のプロセスが日本の歴史でも繰り返されると警告したのだ。すなわち、世界国家の心臓部の繁栄→豊かさの代償としての放縦と堕落→共同体の崩壊と大衆社会化状況の出現→「パンとサーカス」という「シビル・ミニマム」→増大する福祉コストとインフレとローマ市民の活力喪失→エゴと悪平等主義の氾濫→社会解体、という自壊のプロセスなのである。

しかし現代日本の事態は、ある意味で古代ローマの場合よりも深刻なのである。ローマの有力者なら、「パンとサーカス」を自前で振る舞ったのに、いまの日本の政治家と国民は税金でそれをあがなおうとしているからだ。

著者たちの議論で重要なのは、没落の真の危険への考察である。それは、極度の平等主義とエリート的自覚の否定によって、日本人が危機や試練を認識できる力を失っているという指摘なのだ。しかも、危機や試練に挑戦できる創造性や建設的思考を衰弱させており、部分や短期の利益を見るあまり、全体や長期の未来を見られなくなったと警告していた。

グループ一九八四年は、リーダーシップという言葉を使っていないが、かれらのいう大衆迎合主義とは、私が近著『リーダーシップ』（新潮新書）で語ったリーダーシップの不在、大局観と総合力の欠如という現代日本の政治家の特性でもあり、国民目線や国民のニーズなる美辞で「パンとサーカス」を与えるような大衆社会の落とし子である相当数の国会議員の資質を言い当ててもいた。

いずれにせよ、この論文は文明の没落から日本が学ぶべき教訓を列挙しているが、これはいまでも傾聴に値する。何よりも、国民が狭い利己的な欲求を求めるあまりエゴを自制できなければ経済社会が自壊していくという指摘は正しいのだ。いまのギリシアやイタリアの財政危機と国を挙げてのモラル・ハザードはこの例証にすぎない。また、国民が自主自尊の精神をもたずに福祉に過剰依存する社会は、国家もろとも滅亡する以外にない。

象徴的な例は枚挙にいとまない。二〇〇九年に母子加算が一時的に廃止されたときの『毎日新聞』(八月二一日朝刊)の記事は、いまの日本人の一部にある驚くべき「甘えの構造」を浮き彫りにしている。四六歳で生活保護を受けている母と一八歳の息子の二人は、毎月二万三〇〇〇円の母子加算を使って月に一回だけ回転寿司に出かけ、「四〇枚以上の皿を見る時だけは、貧しさを忘れられた」というのだ。この発言のおかしさを理解できない人は、モラル・ハザードという言葉の意味をもう一度嚙みしめるべきであろう。

他方、最低賃金よりも生活保護を求めて勤労意欲を失った日本人や在留外国人の増加は由々しいことでありながら、国民全体にその危機感は乏しい。また、エリートという言葉を否定する日本では、責任をとろうとする「精神の貴族主義」がもはや地を払ったかのように見える。

政治献金という寄付をいつのまにか土地購入にあてたとおぼしき政治家もいる時世である。一部政治家のモラル・ハザードも甚だしい。古代ローマの政治家なら、動機がたとえ政治的であっても恵与は自前でおこなうものであった。元老院議員が恵与するのは、選挙で当選するか、市民の人気を得るためだったにせよ、自前で奢《おご》る限り誰からも後ろ指をさされなかった。もっとも雄弁政治家キケロのように、恵与を浪費癖と考える人物もいた。しかし、古代でも現代でも、寄贈という行為は、浪費と守銭奴という両極のあいだにある点で、キケロの考えは必ずしも正しくはない。大量の政治献金を集めながら、それを正当に政治のために使わず、正しい目的のために〝寄贈〟や〝恵与〟をしない政治家は、いつの時代にも軽蔑されるのではないだろうか。

政治家だけでなく、学者や教師も市民や学生に媚び迎合することで、自らの社会的役割を貶める者が多すぎる。この種の人間は、年少者や異性に対して根拠のない妥協や阿諛《あゆ》をためらわない。鍛練やしつけを受けない若者が国際社会に雄飛できるはずもなく、せいぜい国内の狭い就職市場で小さなパイを奪い合うことに満足するにすぎない。若者は、就職できない状況を一方的に嘆き、社会にルサンチマンだけを感じ、政府や政治家に不満だけをぶつける存在に退化しつつある。かれらはもはやアジアにおいてさえ、中国人や韓国人やシンガポール人の後塵を拝しかねないのだ。

結局、物欲や私欲に勝る価値観や全体像を見失った戦後日本人の病理は、グループ一九八四年の予知以上に、深刻に二一世紀の日本人を襲っているということだ。財政破綻が目前に迫っているこの期に及んで、相変わらず「パンとサーカス」を求め、義務や奉仕の念をもたない日本人とは何なのだろうか。こうした文明論的な疑問に再び立ち向かう良質の知の再現がいまほど求められる時もないのだ。

帝銀事件を小説仕立てで解き明かす

永瀬隼介『帝の毒薬』(朝日新聞出版)

終戦直後に起きた帝銀事件は、松本清張が推理したように、元関東軍防疫給水部つまり石井四郎軍医中将の率いた七三一部隊関係者の仕業という説が今でも消えない。服用後も時間がやや経ってから死ぬ青酸ニトリールは、素人それも犯人に擬せられた画家の手に負えるものではない。いまでも謎の多い帝銀事件の背後に何があったのだろうか。

小説ながら、満州の魔都ハルピンでの新聞記者と倉田部隊(石井部隊がモデル)の下級兵士との出会いからスリルに充ちた物語がめまぐるしく展開する。主人公の兵士羽生は、戦後に警視庁刑事として帝銀事件の捜査に関わるが、陸軍中野学校を出た諜報将校片岡も満州から帰国後にソ連と手を組んで、米国の保護下に入る倉田らの軍医たちと対立する。

ハルピンでの生体実験の模様や、石井を彷彿させる倉田軍医中将の横顔などはリアリティに富む。倉田の狂信的な皇国主義者ぶりや、名誉欲から性欲まで尽きない俗物ぶりもよく描かれる。何よりも、帝銀支店で毒薬を冷静かつ事務的に飲ませる犯人の手際の良さと落ち着きが、筆者のペンを通して自然に伝わってくるのは不気味なほどだ。

戦後に民主警察として再発足する警視庁のなかに身を隠した特高（思想警察官）の公安警察と、帝銀事件の真相を証拠から探ろうとする刑事警察との葛藤もたいへん興味深い。

敗戦後の上野や日比谷を舞台とした日本人のあさましさと生へのあくなき意欲、進駐軍の強欲さと敗戦国民への侮蔑なども、見てきたかのように精緻である。圧巻は、松濤の隠れ家で起った米国とソ連の秘密諜報員との銃撃戦や、市民デモがたくみに皇居前に誘導されてメーデー事件となる一種の〝内戦〟が起きるくだりであろう。

真相が未解明の歴史的事件のいくつかを小説仕立てで扱いながら、架空の人物によってサスペンスの靄を次第に晴らし、異なる事件や人物を一つの線につなげる手法は見事である。

ユダヤ系葛藤の軌跡

長沢栄治『アラブ革命の遺産——エジプトのユダヤ系マルクス主義者とシオニズム』(平凡社)

現代中東を分析した書物は多いが、これほど方法においてユニークな本は少ない。著者は、アハマド・サーディク・サアドとヘンリ・クリエルというユダヤ教徒出身のエジプト人共産主義者の人生と思想の軌跡を手がかりに、かれらが苦闘したエジプト社会の変革運動と、イスラエル建国にまつわるパレスチナ人のナクバ(大災厄)を重ねながら、現代アラブの国家と民族と宗教の関わりという大きな問題に取り組んだ。

アラビア語が苦手でフランス語や英語のほうが達者だった二人がマルクス主義者になり、エジプト共産主義運動のリーダーに成長していくプロセスは、青春遍歴として読むだけでも興味深い。もちろん、著者の狙いはそれだけではない。欧米社会ならユダヤ人として扱われる二人がエジプトというアラブ人意識の強い社会で政治指導者となるだけでなく、普通のアラブ民族運動と異なるパレスチナ問題の重さを背負う葛藤がリアルに描かれるからだ。

パレスチナ問題の展開や共産主義運動の「エジプト化」に伴い、どれほど魅力的な人物であっても、ユダヤ教徒の出自というだけの理由で、影響力と存在感が確実に排除されていく悲劇が、重層的に解き明かされていく。とくにクリエルはスーダンのエジプトからの分離独立やパレスチナ分割を支持する言説で物議をかもした。クリエルは生涯インターナショナリズムに忠実でパリなど外国で活動し暗殺された。一方、サアドはアラブ・ナショナリズムの台頭と深化に身を投じて一生を終える。

著者によれば、パレスチナ問題は「人々の悲劇の塊、悲しみの束」であり、「さまざまな色合いをもつ一人一人の悲しみの糸が重なり合わさった束」だとされる。著者は、クリエルに育てられた「ティバさん」なる運動家との交遊も含めて、個々人の生きざまとパレスチナ問題の全体構造とのつながりを追究した。「アラブの春」の淵源を知る上でも頼りになる冷静な書物である。

法制史の魅力を伝授

石井紫郎『日本人の法生活』(東京大学出版会)

法制史あるいは法史学は、過去の法制度や慣行、法の観念と思想を研究する学問である。連作で『日本国制史研究Ⅲ』となる本書は、法制史の魅力と面白さを余すところなく伝えてくれる。日本の古代から現代に及ぶ歴史認識に触れたかと思えば、中世ヨーロッパの財産と法にまで及ぶ著者の博識もさることながら、取りあげるテーマがいずれも現代人の法感覚につながることに驚かされる。

釜の中の熱湯から小石を取り出させて、手や腕の火傷の具合を見て黒白を判定するゲルマン時代の「湯釜探り」と日本古代の盟神探湯《くがたち》との違いは何か。ミステリーの謎解きのような手際で、黒白どちらにころぶか分からない「神判」たる判定手段と、原告と被告の「双方的糺問《きゅうもん》手段」との違いが明らかにされる。

また、ローマ法の「占有」を「本権」(占有を正当化する権原)と比較する手法にならって、ゲルマン法のゲヴェーレを「占有」に擬《なぞら》えてきた手法が誤っており、ゲヴェーレとは何らかの弱点のある支配権について使われる語だという学説変化に対応する著者の学問的謙虚さの開示も好ましい。

他方、日本で『日本書紀』から始まった正史編纂《へんさん》が『日本三代実録』で止まったのは何故かという疑問から発して、日本の史書が天皇へ「仕奉《つかえまつ》」る者たちの功績や栄光を記録する性格を帯びていた点を明らかにする。この性格は、武家政権の成立でも変わらず、源頼朝を担いで「天下草創」を実現した武士たちの「由緒書」こそ『吾妻鏡』だったというのだ。『太平記』は室町政権の「由緒書」であったが、忠義や勲功を捏造《ねつぞう》する「書き入れ」が行われたために、今川了俊は自家の貢献を正しく記録すべく『難太平記』を書くことになった。

さらに、『愚管抄』と『平家物語』はセットになって「仕奉」る者たちの勢力変化を記録した書物だという主張の論証など、歴史に関心をもつ真面目な読者に益する本である。

尖閣諸島上陸を阻止する自衛隊

大石英司『尖閣喪失』（中央公論新社）

この小説の読者のなかには、民主党政権で二代続いた無能な防衛大臣の代わりに、自衛隊出身の安全保障の専門家が大臣になって安心する人も多いだろう。舞台は尖閣諸島。時期は政権交代の空白と重なる。日本が政治的に真空状態にある好機を逃さず、中国は偽装漁船に乗り組んだ人民解放軍部隊を魚釣島に上陸させようとする。

これを阻止しようとした海上保安庁巡視船の使命感と勇気は頼もしいが、腰の据わらぬ政府は所詮領土防御の決意もできない。巡視船のすぐれた防御網と胆力をもってしても中国人の上陸侵略を阻止できなかった。

そこで海上自衛隊の登場となる。政権交代の結果、外交安保通で著名な政治家が首相となり、危機の解決に乗り出す。しかし、米大統領は、中国による米国債売りの脅しに屈して、尖閣を日米安保の防衛義務の範囲に当たらないとシラを切り卑怯ぶりを発揮する。

それでも、新首相はたじろがず自衛隊部隊を北小島に上陸させ、日米安保から自主防衛に舵を切る決断力を発揮するのだ。ここで、思いもかけぬ事態が起こるが、それは中国相手では予想できなくもない事態である。呑気に中国観光をしている無防備の日本人には想像もつかない事件だろうが、その実相は本文に委ねるほかない。

この後、日本最大の外交安保通の首相はいかなる対応をするのか……。いかにもありそうな筋書であるが、これも小説を読む前に私が紹介するのは、読者にフェアとはいえない。主人公とも呼べる一人物は、参議院外交防衛委員会調査室の上席調査官なる地味な仕事屋である。

この奄美大島出身の男、海上自衛隊特殊戦部隊の古参二曹、中国側では中央弁公庁の海軍軍人などは、映画化すれば、すぐに読者が好みの役者をあてはめたくなるほど印象的な人物である。中南海の奥の院の権力構造や主席のプロフィル描写も興味深い。しかし最後の瞬間に、日本の首相なら言いそうな命令を実行する自衛隊員らの無念さこそ、本書の核心であろう。いま、すべての国民に読んでほしい本である。

草創期の横顔興味深く

土肥恒之『西洋史学の先駆者たち』（中央公論新社）

平成の日本人は、インターネットを使えば海外の図書館や文書館から容易に文献や史料を取り寄せられる。しかし明治に近代学問を欧米から輸入した先人たちは、最先端の研究成果を吸収するのに苦労した。お雇い外国人たるドイツのリースから方法と精神を学んだ近代歴史学もその例外でなかった。

明治の先人たちは、臨機に新たな環境に適応したことが本書からも浮かび上がる。東京帝大の白鳥庫吉が中国史を学んだのは当人の意志に反してのことであり、京都帝大に移った日本中世史の原勝郎は在外研究で西洋近世近代史を専門にさせられたあたりは、今では考えられないことだ。原が癇癪《かんしゃく》持ちで学生が寄り付かなかったという逸話をはじめ、草創期の西洋史学者の横顔も興味深い。東大教授になるはずだった大類伸が帰国後、東北帝大教授になった人生のアヤもさることながら、文化史という新ジャンルを開拓していく意志力と使命感も素晴らしい。

帝国大学だけでなく、慶應義塾や東京商科大学（一橋大学）の西洋史家たちが社会経済史の面で独特な学風を築いたことは、日本の歴史学の発展にとって幸いであった。ことに、著者の執筆動機となった上原専禄にそそぐ尊敬心と愛情はまことに好ましい。一九二三年からウィーンに留学してドイツ中世史を専門にした上原は、一次史料で欧州の中世史を学んだ第一世代といってもよい。人気教授の教室に出席すると、あまりの大入り満員ぶりに、「余り香しくない気持におそはれた」という上原の印象は、この碩学《せきがく》の器をよく表している。あまり学生のいないドープシュ教授に師事したことがその後の上原の大きなスケールと実証的学風の基礎となったのだろう。著者はかつて専門のロシア史でもソ連の悲劇的な学者たちを紹介したことがある。史学史は歴史家の人を見る眼力の真贋《しんがん》を試す領域でもある。土肥氏は『岐路に立つ歴史家たち』に引き続きこのテストに見事に合格したといってよい。

青島戦役から敗戦へ

片山杜秀『未完のファシズム――「持たざる国」日本の運命』（新潮選書）

日本ほど近代の総力戦に不向きだった国もない。総力戦に必要な工業資源がまったく欠乏し、人的資源も十分というわけでない。とくに著者が強調する弱さは、明治憲法の体制には総力戦を阻む要素がはらまれていた点にある。帝国憲法は政治力の集中を天皇大権への侵害として嫌ったからだ。

しかも、日本は「中途半端に大きかった」のであり、小国でなかったあたりに日本が妙に背伸びする根拠があった。何によらず背伸びは危険を伴い、転んだり打ち所が悪いと国家さえ滅びる。この「持たざる国」が自滅自殺しないにはどうすればよいのか。著者は、資源もなく統率力もない日本が総力戦の時代に生きる術を考えた軍人として、小畑敏四郎、石原莞爾、中柴末純、酒井鎬次らをとりあげ、「持たざる国」にふさわしい日本陸軍の方策は何であったのかを問うのである。

一九四五年の敗戦の悲劇は、日本が第一次大戦で「成金気分」を味わいながら、新しい戦争の厳しさを理解できなかった知的貧困に原因の一端がある。青島出兵でドイツの要塞を落とした司令官・神尾光臣は、砲兵や工兵との連携によって火器を集中的に運用し、犠牲を最小限に抑えながら、近代戦の理想を確かに実戦に応用した。しかし、青島だけでも手一杯の日本は、もっと規模の大きな物量戦ともなるとお手上げであった。

ソビエト・ロシアという仮想敵国相手の本格的な会戦が開かれるなら、どのくらいの物量が必要になるか見当もつかない。そこで改訂された『統帥綱領』や『戦闘綱要』に魂を入れた「作戦の鬼」小畑敏四郎は、兵隊や兵器や弾薬が足りなくて当たり前だ、それで戦ってこその皇軍だと開き直る。また、敵の虚をつく夜襲や夜間移動を駆使して優勢な敵を圧倒する信念をもつべきだというのだ。ただし小畑は、英米ソのような「持てる国」相手に戦争できる能力がない日本にとって、やむをえないのは防衛戦争だけであり、避戦に徹するべきだというホンネを隠していたというのだ。

他方、石原莞爾は日本を「持てる国」にすればよいと考え、満州国の建設に乗り出した。しかし、日本が進歩すれば米英もそれ以上に発展するので、ソ連のように計画統制の経済を実現することで、何とかして米英に伍せると信じたのである。しかし石原は、避戦の小畑と違って、世界最終戦争まで力を蓄えて将来米国と決戦をすると夢想した。

この二人と異なり工兵の中柴が精神力の価値を無限大に評価したのは興味深い。彼は、東条英機の『戦陣訓』の事実上の執筆者として、死を恐れぬ兵士教育で「持てる国」に匹敵する戦闘力を高めようとしたのだった。

一方、酒井は長期総力戦をやれば敗北必至の日本も、奇襲や電撃戦で短期に勝利し、早期講和に持ち込めば勝機はあると信じた。陸軍航空隊と戦車部隊の推進者であった酒井は、機械化部隊を歩兵の作戦に合わせて分散運用する、東条のような旧式の軍人と衝突した。東条による石原の予備役編入よりも酒井の予備役のほうが一年も早かったというから余程に東条に嫌われたのだろう。

音楽評論家でもある著者の歴史観は格別に独創的というわけではないが、歴史の切り口や人物への見方に冴えが見られるのは魅力である。

西洋の優位性確立した要因を分析

ニーアル・ファーガソン『文明——西洋が覇権をとれた6つの真因』（勁草書房）

西洋文明のように「その他」を圧倒した事例は世界史に見当たらない。一五〇〇年の時点で、やがて世界に君臨する多くの帝国は地表面積の一割だけを占めていたが、一九一三年になると西洋の一一の帝国が陸地と人口の五分の三を支配し、世界の経済生産高の四分の三あまりを支配することになった。

中国やイスラームの文明が凋落《ちょうらく》した原因は、帝国主義の帰結といった単純なものではない。著者は、西洋が優位性を確立した要因を六つの面から見直している。

まず「競争」は、分権的な欧州で高みを目指して発展することを可能にさせた。次いで「科学」は、自然界の変革によって軍事面の優位性をもたらす条件をつくったのだ。「所有権」は法の支配を尊重させ、紛争を平和裏に解決させる点で政府を安定させる基盤となる。また「医学」は、長寿をもたらし、熱帯植民地の疫病への抵抗力を強める要因にもなった。「消費社会」の成立は、衣類などの消費物資の生産を経済の中心に置くことで、産業革命を持続させる根拠となる。おしまいに、プロテスタントの「労働倫理」は、社会活動の規範を提供し社会を安定させる役割を果たしたのである。

この六つを軸に文明の有為転変を考える著者の見方は、いかにも西洋中心主義のようにも思えるが、文明がいずれ急激に機能しなくなる複雑なシステムだという見方にはペシミズムも漂っている。複雑適応系のような文明は、表面的に均衡を保っているかに見えて、その実は突然に崩壊し消滅するというのだ。現在は、五〇〇年に及ぶ西洋優位の時代が終わろうとする過渡期であり、経済と地政学の両面で中国やインドなど「東洋の挑戦」が現実化している。

著者は、中産階級の成長する中国の経済力が日本のように失速する危険にも触れながら、社会不安や周辺諸国の反中国気運によって国力が減退する可能性にも触れる。結局は世界中どこでも西洋流のやり方が普遍的になった事実に満足するのだ。自らの内包する臆病さや気弱さこそ西洋文明最大の脅威だという結論は、壮大な問題提起の割に、やや陳腐な指摘であり惜しまれてならない。

正統派のテレビマンと異能の行政マン

関口宏『テレビ屋独白』（文藝春秋）
猪瀬直樹『決断する力』（ＰＨＰビジネス新書）

関口宏氏と私は、かなり同じ経験を共有している。テレビがまだ街頭や公民館などで名作『ベン・ケーシー』やプロレス中継を流しているとき、遊び仲間や近所の〝お兄ちゃん〟たちと一緒にブラウン管を眺めて、夜はあまり勉強しなかった世代である。また、関口さんも私も、父親が陸軍に召集され〝乙幹〟つまり乙種幹部候補生として下士官になり部隊の根幹を支えた共通体験をもっている。

本書を読んで、テレビを通して伝わってくる関口さんの真面目さは、三度も応召した歴戦の勇士関口正三郎曹長こと俳優佐野周二の独特な視線の鋭さにも相通じることを私なりに納得した。

草創期のテレビ業界をよく知る関口さんは、テレビで「品」という要素を大切にする人である。字幕やスーパーの多用が視聴者のイマジネーションを掻き消してしまったことを残念がる。また、ラブシーンでもむかしは男女が抱擁した後に、そのまま倒れるようにフレームアウトし余韻を残したものだった。こうした品やたしなみが消えたのは、アメリカのハリウッド映画の影響らしいが、本場では子どもたちがテレビを見る時間帯の放送表現に相当に厳しい規制をかけている。むかしは何かとうるさかったPTAもどこかに消えてしまったのか。

視聴率についての議論も興味深い。とにかくスポンサーがつかないと番組はつくれない。NHKと民放の大きな違いは、視聴率の差がすぐ営業成績に響くことだ。独自性を発揮するのはよいが、視聴率をとれなかったらどうするのか。局の経営者やプロデューサーたちの悩みは尽きない。数字がとれないと、人事異動の悪夢や番組打ち切りの荒療治を覚悟しなくてはならない。しかし、管理職向きの「文科系」の秀才だけではテレビは成り立たないのだ。どこか気まぐれだが一発屋として成功を収める「体育会系」こそ、しばしば制作現場で幅を利かすという指摘が面白い。まことに不思議な業界なのである。番組が当たって高い視聴率をとったときのスタッフルームの雰囲気を読んで思わず笑ってしまった。

「正面の大きなデスクには、笑いをかみ殺したプロデューサーが、いかにも『当然!』を装ってどっかと座り、普段はあまり近づきたがらないディレクター連中が、これ以上の笑顔はありません風な顔して入りびたり、いつもダラダラ仕事をしていたAD達も、この日ばかりは風をきるように機敏に行動し、その動きひとつひとつから巻き起こる空気の揺れが部屋中に伝わり、電話を受けるアルバイトの声まで、元気で生き生き、愛想もこの上ないものになるのである」

まことに迫力のある文章である。それでいながら、そこはかとなく品が漂うのだ。著者はあとがきでテレビ発明の先駆者、高柳健次郎の言葉を紹介している。「テレビは科学的に、人間の善悪、正邪を映す鏡であってほしい」と。これは、正統派のテレビマン関口氏がテレビに託する夢と志がうかがえる結びともなっている。

他方、猪瀬直樹氏は、本業の作家に加えて、東京都副知事という行政マンとしても異能の人である。この本の異能ぶりの証明ともいえよう。東日本大震災から原発問題にいたるまで、数多くの難問の解決策を走りながら考えている人だ。その信条の一つは、〝若者よ変人たれ〟ということにあるようだ。

確かに、隣と同じ秀才を目指すな、自分の世界をつくる天才になれ、という教えは正しい。そもそも、変人や天才は秀才以上の力が必要なのだ。しかし、責任感や使命感のない夢にこだわらずに、堅実な努力を重視する猪瀬氏の主張は正しい。政権交代後のユートピア主義者やアナーキストめいた首相たちには、政治家としての精進も足りなければ、リーダーとして空振りするだけの使命感があっても責任感らしきものが不在だったと言いたいのだろう。

想定外の事態に直面した人は、既存のルールや過去の先例に従うだけではダメなのだ。災害時に例をとれば、いちばん重要なのは人命であり、安全にほかならない。これも普段から努力をしている人なら、事柄の優先順位はすぐに判断できる。猪瀬氏もいうように、努力しない人ほど不平不満を言い立て、仕事ができる人ほど具体的に物事を提案するのだ。

不平不満を言うかわりに、サッと仕事に取り掛かるからスピード感も出てくる。そして、責任感が集中力を育むという指摘はまったく正当であり、私も含めて自戒すべきことである。

携帯電話が非常時に回線に集中して通話不能になっても、ツイッターやフェイスブックを使った連絡は可能なのだ。とっさにこう判断して、東日本大震災の時に、多数の都民の混乱を救った氏の決断する力は、作家のイマジネーションと行政マンの責任感が結びついたものであろう。これは時間について鋭敏な感覚をもっているからかもしれない。

「緊急時と平時では、別々の時間が流れている。結果を出すことを何よりも求められているときに、既存のルールにしたがって行動しないことは許されない」

危機の最中には、通常とは別の判断が必要になる。非常事態とは前例のないケースが多い故に非常時なのである。前例がなければ、ルールはその場でつくっていくしかないのだ。

時にはリーダーはルールや慣行を無視するか、知らないほうが有益かもしれない。猪瀬氏は、役人でなく自分が何かを達成できたとすれば、もともとルールを知らないからではないか、と語る。猪瀬氏も石原慎太郎氏も時に繰り出す思い切った施策や決断は、二人とも作家の感性をもっていることが大きい。感性とはすぐれた常識や良識にもつながるので、いいものはいいのであり、ダメなものはダメだと率直に言えるのだろう。ここから氏が導くポイントはどの組織においても参考になる。

「縦割りの組織に横串を刺す。人の組み合わせを変えるだけで、新しいクリエイティブな空間が生まれる。実行力のあるプロジェクトリーダーを育てよ」

本書は小ぶりではあるが、日本蘇生のカギがふんだんに隠されている書物である。

正統派のテレビマンと異能の行政マン。二人の言説は、今の日本の世相を映し出す鏡なのかもしれない。

本物の政治家らしい気迫と信念

薬師寺克行編『村山富市回顧録』（岩波書店）
御厨貴・牧原出編『聞き書　野中広務回顧録』（岩波書店）

本物の政治家らしい気迫と信念が伝わってくる回顧録である。「オーラル・ヒストリー」の学問的手法は、老練な政治家の率直な語りを生き生きと再現しながら、日本政治史の裏面を再現することに成功している。平成六（一九九四）年に発足した村山富市内閣は、社会党党首を首班とする自民党・さきがけとの連立政権であり、野中広務氏はその自治大臣・国家公安委員長であった。この二人に共通するのは、いまの日本政治では死語と化した「苦労人」という個性であろう。

園部町長や京都府会の議員を務めた野中氏は、竹下登元首相から衆院選の立候補を薦められた時、次のように言われたという。「親父が東京で家を持って、東京で育って東京しか知らない男が、田舎の選挙区から知ったかぶりをして出てくるんだ。こんなことをしておったら、日本の政治は駄目になる」。

この警告は、民主党に「きちんとした筋」がなく「きちんとした考え方の基盤」がないと批判する村山氏の危惧とも共通する。氏は大分県の漁村に生まれ労組活動家から市会・県会議員を経て国会議員になった。氏は、室蘭などを選挙区とする落下傘政治家の鳩山由紀夫氏が普天間飛行場の国外・県外移転を主張した点についても、「そのときどきの空気におもねるような発言をするのは間違いだ」と明言し、「できもしないことを総理が言ったらおしまいだ」と手厳しい。この姿勢は、或る沖縄の式典に参加した鳩山氏を面罵した野中氏の迫力とも似通っている。野中氏は、沖縄・北方領土特別委員会に六年もいて二つの地域に「熱い思い」をもち、沖縄問題に政治生命を賭けて急死した小渕恵三元首相の官房長官として、鳩山氏の無類の無責任さを道徳的にも許せない思いがしたのだろう。

二冊の本から浮かび上がる小沢一郎氏への共通の評価も興味深い。小沢氏を「古いタイプの政治家」と呼ぶ村山氏の見方は、かなり肯綮《こうけい》に中《あた》っている。「政権や政局、権力に対する関心が非常に強くて、それだけで生きているような政治家」であり、政治家の数を維持するために金への「執念が強い」というのだ。これは、小沢氏を「政策を知らないで、政略だけ」の「独裁者」だと語る野中氏の観点と同じなのだ。

村山氏は、阪神・淡路大震災が起きた時に連立三党が一丸となって取り組み、「特に」自治大臣の野中氏や運輸大臣の亀井静香氏などが「それぞれの持ち場の中で積極的に行動してくれた」ことを律儀に感謝する。他方、野中氏は消防団が「学歴も何もかも違うのに、地域が一緒だというだけでこれだけのボランティア組織」になって、警察とともに整然と活動したと下積みの人びとの労苦も忘れない。このあたりが二人の苦労人たる所以《ゆえん》なのである。

国会の便所で二〇〇万円を社会党の爆弾質問議員に渡した与党の国会対策担当者、田中角栄元首相が倒れた時に金目の見舞いを平気で自分のカバンに入れた大物秘書などの秘話を暴露的に紹介する野中氏。金に汚れておらず貧乏に耐え抜いた浅沼稲次郎氏や、戦中から厳しい状況でも節を屈しなかった鈴木茂三郎氏らの社会党委員長や、協会派の向坂逸郎氏、構造改革派の江田三郎氏らの輪郭を謹直に描く村山氏。二人の個性の違いはあるにせよ、連立政権の経験と教訓を知る上でも、いまの議員や有権者には是非読んでもらいたい本である。連立政権をうまく運営して国民の声を国政に反映できれば、単独政権よりも透明性も高く民主的だという村山氏の言葉が耳朶《じだ》に触れる人も多いだろう。

旧帝国海軍の系譜はどこが継承

能勢伸之『防衛省』(新潮新書)

「武器輸出三原則」と「武器輸出三原則等」の違いは？　石破茂元防衛相は、

「ミリタリーを知らない政治家は国を統治し安全を守ることはできない」と指摘したことがある。民主党政権下で無能すぎる防衛大臣が二人も続いて幻滅させられた国民も多かったはずだ。

そもそも日本人には、軍事や安全保障を市民的教養の大事な一部だと考える傾向が希薄である。しかし、欧米では市民も知識人も、戦史や戦略を重要な教養の糧と考えるのが普通である。四兆円もの巨大予算をもつ防衛省や自衛隊について、本書のレベルの基礎知識をもつことは市民の健全な批判能力を涵養する上でも欠かせない。

たとえば、「武器輸出三原則」と「武器輸出三原則等」の違いはどこにあるのか。前者が共産圏や国連決議対象国や紛争当事国への武器禁輸を指すのはともかく、後者が三原則地域以外にも「輸出を慎む」とか、武器製造関連設備の輸出については「武器に準じて取り扱う」といった三木内閣の統一見解を三原則に加えたことを知る人は少ない。

この本を読むと海上自衛隊よりも海上保安庁のほうが、旧帝国海軍の系譜を〝正統的〟に継承した面のあることが改めて確認されて興味をそそる。戦後の朝鮮半島海域で機雷掃海を担った海上保安庁特別掃海隊は旧海軍を継承していた。

そして、海保に付属する海上警備隊が発展を遂げて海上自衛隊が発足したのである。北朝鮮の工作船や各種中国船の領海侵犯や不法行為に対して海保が発揮する実力は、日本の自衛力が空白だった戦後の一時期を担った誇りや自信とも無縁ではない。

社会党の非武装中立論と似て非なる永世中立国スイスの国民皆兵や自宅での武器装備の事実も、専守防衛の自衛隊と比較するよすがとなる。

また、森本敏大臣の誕生とともに話題となったシビリアン・コントロールについても、詳しい知見が披瀝されている。とにかく、防衛省・自衛隊という世界史でも特異な〝軍隊〟の実相を紹介する良書として広く読まれることを期待したい。

日本の危機に必要な人材とは

岡部伸『消えたヤルタ密約緊急電——情報士官・小野寺信の孤独な戦い』（新潮選書）

どの国家にも歴史を揺るがす危機というものがある。危機を乗り切るには、正確な情報と冷静な判断力、それに胆力に支えられた使命感が必要となる。第二次大戦中に中立国スウェーデンにあって、ソ連の対日参戦について沈着かつ重厚な情報を本国に送り続けた陸軍武官がいた。この小野寺信少将は、ヤルタ会談でドイツ降伏後九〇日以内にソ連が日本に参戦する密約が結ばれた事実を摑み、最高機密を本国に緊急電で知らせた。この情報は政府や陸軍参謀本部に届かなかったとされているが、著者は各種の史料や聞き取りを通して、至急電が参謀本部に届いていたのに、作戦部作戦課の思惑で握りつぶされた事実をほぼ確実につきとめた。無視された理由は、政府が進めていたソ連を仲介者とする和平工作が頓挫し、ソ連の不戦を前提に計画された陸軍の本土決戦の青写真が崩れてしまうからだった。

この軍エリートはほぼ瀬島龍三中佐だったと推定される。もし作為がなく早期降伏が実現していれば、回避できた悲劇は多い。沖縄戦、原爆投下、シベリア抑留、中国残留孤児問題、北方領土問題。

これらの一部あるいは全部を避けられたかもしれない、と著者は情報を軽視する日本の体質を現代の政治外交に向かっても静かに告発するかのようだ。

岩手県前沢町出身の陸軍の秀才小野寺は、情と信義にも篤い武人であった。この人柄こそ、ラトビアのリガ、上海、ストックホルムで人種、国籍、宗教を超えて情と信頼感を通した人間関係をつくったのだ。ポーランドとバルト三国など、国をソ連やドイツに奪われた小国の人びとが、「情報の神様」と慕われた誠実な小野寺を信頼し尊敬しなければ、彼のもとに最高度の機密情報が集まるはずもない。また、蔣介石の知遇も得て中国との和平工作に努力した小野寺の姿は、いまの日本にいかなるタイプの人材が必要なのかを私たちに問いかけてやまない。危機とは何かを考えるとき、いま一番読まれるべき歴史書といえよう。

この国の衰弱

渡邉恒雄『反ポピュリズム論』(新潮新書)

米国CBSテレビの看板キャスターだったウォルター・クロンカイトは、公正中立な議論で高く評価されたジャーナリストである。看板番組のアンカーマンの彼にして、テレビニュースの情報量が平均的な新聞の報道に遠く及ばない限界を指摘したものだ。テレビの時間的制約こそ、伝えるニュースの内容を歪める原因だというのだ。

クロンカイトの警告したテレビの特性が政治と結びつくと、小泉純一郎元首相のような「ワンフレーズ」の発言や、オバマ大統領の「チェンジ」といった単純な言葉を繰り返す「サウンドバイト」など、「ワンセンテンスの論説」が主流となる。これは小選挙区制によって能力が劣化した政治家が言葉でなくイメージや映像だけを重視する傾向を生み出したと、渡邉恒雄氏は批判するのだ。

クロンカイトはこうも述べた。「実質的中身のあることを言わずに済むし、争点に真正面から取り組まず、問題を避けて通ることができるからだ」と。政治家の資質の劣化と、某ニュースキャスターのような「思い入れたっぷりの表情と視聴者の情に訴える口調」が結びつくと、政治にポピュリズムつまり大衆迎合主義がはびこることになる。

こうして渡邉氏は、決められない政治が日本を「第二のギリシャ」にし、「パンとサーカス」で滅亡したローマ帝国の轍を踏むという議論を紹介しながら、歴史や哲学の教養に裏付けられた政治記者の経験に基づく知見から、日本政治の病弊を国民に警告するのだ。市場原理主義を「改革なくして成長なし」という「サウンドバイト」で繰り返した結果、かつての分厚い中間層をずたずたにして貧富の格差を拡大させた責任は国民にもある。テレビのイメージで流行語にまでなる「ワンフレーズ政治」の単純さに有権者までも麻痺してしまったからだ。民放テレビでも或るBS局の二時間討論のように、一つの問題をじっくりと掘り下げる優良番組もあるが、そこでの討論に堪えられる国会議員は驚くほど少ない。

ポピュリズム政治に先鞭をつけたのが小泉氏だとすれば、それを推進して「正真正銘の大衆迎合政治」を作り出したのが鳩山・菅両氏の民主党政権だという見方は正しい。魔女狩りにも似た官僚批判と「政治主導」の御題目で日本の政治外交を決定的におかしくした鳩山・菅氏の責任は大きいが、それへの反動でもある橋下大阪市長人気の危険にも渡邉氏は触れる。橋下人気と、戦前国民の近衛文麿への期待や、英国の首相だったロイド＝ジョージの扇動手法を比較するあたりは、渡邉氏の独壇場であろう。

確かに、政治的人気には必要な部分と危険な部分があり、この二面性を十分に意識すべきだというのだ。選挙で合法的に政権を掌握したヒトラーのように、大衆の熱狂的支持がもたらす衆愚や独裁の政治の危険性について本書が議論を提起した意味は大きい。

結局、二〇〇七年の福田康夫首相と小沢一郎民主党代表の大連立構想のように、政治の混迷を避ける現実的な選択肢は限られている。本書は政治への過度の理想や思いこみがポピュリズムを招く危険性を分かりやすく教えてくれる書物といえるだろう。

暴動を恐れてパン価格を三〇年据え置き

鈴木恵美編著『現代エジプトを知るための60章』（明石書店）

エジプト人は、イメージと違って忍耐強く粘り強い人びとである。編者は、不公正な社会、低賃金、恐ろしい秘密警察などの逆境や理不尽さによく耐えてきたと指摘する。こうしたエジプトの個性を政治や経済だけでなく、生活や大衆文化にいたるまで幅広い分野を専門家が扱った案内書である。

研究者は古本屋で、探している本は手に入らない上、預けた金を取り戻すのに四苦八苦する。また、男だけの喫茶店（マクハー）で日がなおしゃべりや「バックギャモン」のゲームを楽しむ風景は、エジプトの街並みに欠かせないし、小説の舞台モデルにもなっている。観光客としてカイロに出掛ければ日本人もマクハーに出かけたくなるだろう。

エジプト人は本当にサッカーが大好きである。そのサポーターたちは、アラブの春の時も、デモ隊の主力として警察とぶつかった。いつもサッカーの試合で警官と衝突することに慣れていたからというのは、いかにもエジプトらしく面白い話である。

エジプト人に欠かせないのは、主食のパンであり、一枚一円以下で売られている。物価上昇率を考えるとおそろしく安い値段である。私がカイロにいた一九七八年から八〇年の時も一枚一円だったたから信じられないほどだ。政府の補助金が投入されているために安いのである。値上げすると必ず暴動が起きるので正常な価格を設定できない。これが政府財政を圧迫し、失業者を公務員として吸収する無理な弥縫策と並んでエジプトを苦しめているのだ。

それでもエジプトでは、一九八〇年代の構造調整政策によって財政収支は、少しずつ好転し経済成長も遂げている。しかし、政府の再分配政策は成功しておらず、国民の不満はほとんど解消されていない。

アラブの春によるムバーラク前大統領の失脚の背景を多面的に理解する上でも、有益な書物である。また、エジプト観光の洗練された案内書としても薦めたい良書である。

預言者ムハンマドの生涯と業績

イブン・イスハーク『預言者の生涯――イスラーム文明を創造した男の物語』（座喜純・岡島稔訳、ブイツーソリューション）

預言者ムハンマドの伝記と業績を八世紀にまとめた信頼できる古典の全訳が完成した。イスラーム史だけでなく、世界史をあまねく理解する上で重要な史料である。今回、丁寧な訳が日本で出されたのは、イスラームの本格的理解のためにまことに喜ばしいことだ。この最終巻は、ムハンマドが激しい頭痛に苦しみ、信者らに異なる井戸から七つの皮袋に水を汲ませ、たらいに座る預言者に水をかけさせる終焉の描写でクライマックスに達する。預言者は、死を前にして、真夜中に墓地に出かけて死者のために神の赦しを乞うのだ。

「おお、墓の中の人々よ、現世の人々よりもはるかに恵まれているあなた方は、何と幸福であることか。不和は闇の波のように次々と襲ってきて、最後の不和は最初の不和よりひどい状況である」と。その場でムハンマドは、〝現世の富と生きたままの楽園〟か、〝神との出会いと死後の楽園〟か、いずれを選ぶかと周囲に問いかけた。或る人物は預言者の長寿を願って前者だと答えると、自分は後者を選んだと述べる。そして、愛妻アーイシャの胸に抱きかかえられて絶息した。アーイシャは見たことがないほど熱心に歯を磨く預言者を看取る。しっかりと目を開いた夫の最後の言葉は、「否、最も賛美される同胞は、楽園の仲間である」というものだった。

イブン・イスハークは、預言者死後の後継者争いで分裂しかかった共同体がムハンマド最良の友人アブー・バクルの人望で収拾される様もよく描く。預言者をどこに埋葬するか、衣服を着せたままで清浄にするか否か、彼と別離した最後の人物は誰か、など興味深い逸話も語られる。ところで、訳者二人の仕事は今回でもまだ終わらない。原本の校訂者イブン・ヒシャームが原典の重要箇所を削除し、書き換えたのは、かねてより問題視されてきた。二人は他の歴史書に伝わる原著者の記述を抽出して、イブン・イスハークの原著を復元する野心的作業に着手するようだ。その完成を心待ちにしたい。

多角的な議論を問う

高原明生・服部龍二／服部健治・丸川知雄／園田茂人編
『日中関係史　１９７２‐２０１２（Ⅰ～Ⅲ）』（東京大学出版会）

中国で人気のあった魅力的な女優中野良子は、今どうしているのだろうか。彼女を贔屓《ひいき》にした中国人は、一体どこへ行ったのだろうか。一九八四年三月に、北京の人民大会堂のステージに、中野が中曽根康弘首相や趙紫陽総理と一緒に立っていた光景も、随分と昔のように思える。

それから約三〇年が経過した現在、日中国交正常化四〇周年を記念する出版は、編者や著者らが思いもかけない最悪の環境で出されることになった。しかし、社会科学者は政治家と違って、両国関係悪化の源泉も冷静に分析することが大事である。このタイミングで政治、経済、社会・文化の三領域で多角的な議論を世に問うことは、日本の中国学者として〝ござんなれ〟という気分でもあろうか。

両国関係の緊張を考える上で第一巻の「政治」が参考になるのはいうまでもない。国交正常化から民主党政権誕生以降の日中関係を扱っているからだ。第二巻の「経済」は、国交正常化による経済交流の拡大から、ＯＤＡや各業界最新の動きまでを扱っており、経済大国として相互の依存と摩擦を深める両国の現状を知る上で参考になる。第三巻の「社会・文化」は、パンダから始まる中国のソフト・パワーの歴史を、池袋チャイナタウンの構想頓挫にいたるまで多数の逸話とともに紹介している。

各論を読んでおよその理解をすれば、日中関係の大きな転換点は、小渕恵三内閣のときに来日した江沢民主席の執拗《しつよう》な謝罪要求と、天皇、皇后両陛下主催の宮中晩さん会におけるあいさつ、小泉純一郎首相の靖国参拝と胡錦濤主席による日本政府の歴史認識への批判をめぐる問題を、大きな節目としていることが分かるだろう。今回の尖閣諸島の国有化をめぐる対立激化の背景を多面的に理解する上で、堅実な基礎となる研究シリーズである。

パワーと相互依存

ロバート・O・コヘイン／ジョセフ・S・ナイ『パワーと相互依存』（滝田賢治訳、ミネルヴァ書房）

分かりやすい国際政治の理論書である。著者の二人は、政治的リアリズムの考えを、リベラリズムによる相互依存関係への関心とバランスよく結合させようとする。リアリズムは、Xなどの国家によるパワーと安全保障の要求がAという国家の生存にとってもつ危険性を強調する。他方、リベラリズムとは、EUのような地域統合に依拠しつつ金融の監督や規制などの国際協力によって、安全保障のジレンマを解決できるという考えである。二つを結合する試みを成功させるために、二人は「複合的相互依存関係」という国際システムにおける理念型を作り出した。これは、多様な接触チャンネルが社会と社会とをつなぐ諸国家間の状況を指す。著者たちは、複合的相互依存関係とリアリズムの描く世界がともに理念型であり、現実の複雑な国際政治の状況は二つの両極端の間のどこかに落ち着くと考える。

原著書の初版は一九七七年に出版され、二〇一一年には四版が出されている。増補が繰り返された書物であるが、相互依存論と多国間協調主義という現代の国際政治学の重要な概念を丹念に説明している。グローバリゼーションという現代の先端用語も初版で相互依存と表現した現象が強化された状態として理解する。なかでも第Ⅱ部の「海洋と通貨の問題領域におけるレジーム変容」は、時代状況を先取りした叙述である。「軍事力は、通貨の領域よりも海洋と海洋資源の問題領域において直接的な役割を果たす。そして海洋分野において軍事力は、海軍力を通じて、伝統的に公然と行使されてきたので、その変容を認識するのは比較的容易である」と。この認識は、尖閣諸島問題に対する中国の対応を読み解く上でも参考になるが、複合的相互関係の意味を理解するソフトな日本と、それをほとんど無視ないし軽視するハードな中国との対立解消につながる言及は、本書には見られない。日本と中国という世界の経済大国間に横たわる対立構造の本格的な解析なしには、リアリズムとリベラリズムとの分析の結合も不成功に終わるのではないだろうか。

問いかけを忘れた指導者たち

トーマス・フリードマン／マイケル・マンデルバウム『かつての超大国アメリカ——どこで間違えたのか　どうすれば復活できるのか』（伏見威蕃訳、日本経済新聞出版社）

冷戦が終結したとき、アメリカは恐るべき敵に打ち勝って喜ぶあまり、一九世紀英国の詩人オスカー・ワイルドの警句を忘れていた。「この世には、悲劇はたったふたつしかない。ひとつは望みのものが手に入らないことであり、もうひとつはそれが手に入ることだ」。

冷戦は、アメリカ国民に団結と創意工夫によって巨大な宿敵ソ連に負けまいと、経済成長、技術革新、社会の機動性を助長することでアメリカを世界史に類を見ない超大国に育てる契機ともなった。

しかし、それが終わるとアメリカの指導者は、世界とはいかなるものなのか、或いはその世界で繁盛するには何をなすべきかという二つの問いかけを忘れてしまった。こう述べる二人の著者は、アメリカが教育、双子の赤字と負債、エネルギーと気候変動の問題に取り組むのを怠ってきたと批判する。しかも、むかしのアメリカ人ならもっていた偉大な知恵や秘訣を忘れ、いたずらに中国の成功体験にコンプレックスをもつアメリカ人が増えたというのだ。

著者たちは、「失意の楽観主義者」として、国がもっとも必要とするのが国民の強い意志であり、「大規模な一丸となった行動」だと強調する。中国の繁栄は、一党独裁という「二流の政治制度」から得ているにすぎないというのは正しい。それでは、アメリカのベストプラクティスの秘訣とは何かと自問し、およそ五点を示している。①国民向けの公共教育の充実、②道路や橋から光ファイバーや各種ネットワークにいたるインフラの絶え間ない現代化、③高度の学術知識をもった移民の奨励、④研究開発と政府の支援、⑤民間の経済活動への必要な規制の実行。

なかでも著者たちが重視するのは、科学技術を中心とする教育の充実である。二一世紀に経済力の基本となるのは教育になるからだ。また、歴史の重要性を指摘するのも重要な点である。「豊かな明るい未来をもたらすには、過去にアメリカを成功させてきた歴史の特質を利用することが重要になる」。まず、自分たちの生きている世界を理解し、経済成長を促す公共と民間の昔ながらの秘訣を刷新する。こうして、「過去に成功した手法を使って、国が必要としている一丸となった努力を阻んでいる政治的障害を取り除く」というのだ。

二人は、アメリカが歴史を通じて大きな難題の処理にそれほど失敗してこなかったと語る。確かに、本書の処方箋は、日本の待ったなしの改革と国民の意識変革にも大きな参考になる。日本人もアメリカ人同様に、「人生には、お金よりも大切なことがいっぱいある」という古い諺に同意するだろう。「ただし、どれもお金がかかる」と。甘いキャンディをなめすぎたアメリカ人は、甘納豆を食べすぎた日本人と同じく、今より高い税金を払い、年金を減らされることに我慢がならないだろう。しかし、それをしないと二つの自由主義大国は、人権や自由を無視して経済分野でいびつな挑戦を続ける中国のハリケーンや台風に席捲されてしまう。アメリカ理解の優良書であるが、いま日本人が読むべきなのは日本の歴史書であり、日本という国の再発見であることも改めて教えてくれる。

独裁的政治家の顔

高澤憲治『松平定信』（吉川弘文館）

寛政の改革の立役者、松平定信の政治については随分と語られてきた。その割に、定信が存外に狭量の人であり、独裁的手法にこだわった政治家だったことは余り知られていない。著者は、「ちいさな物ハ西丸下の雪隠」という風刺を紹介し、定信の西丸下屋敷の便所が小さいことに託して尻の穴が小さい、すなわち狭量だと人は見ていたと考える。

また本書では、本多忠籌《ただかず》や松平信明といった老中に登用した同志たちも、定信の強いエリート意識と独裁志向に辟易《へきえき》させられた様子も巧みに描かれる。

定信は、農村復興や緊縮財政などで急進的な改革を目指しただけでなかった。ロシアを意識した外交安全保障でも強硬派であった。これは、万事に漸進的だった本多や信明らと衝突する根拠にもなった。本多が現代にも通じそうな処世訓を息子に漏らしたのは興味深い。「友人に忠告するのは容易ではないから、穏やかに諭しても聞き入れない者に対しては、何度も言わないほうがよい」。痛烈な定信批判にほかならない。

定信の自我と自信の強さは、本来であれば田安家に生まれた自分こそ将軍にふさわしいという思いがどこかにあり、十一代将軍になった家斉を理想の将軍に仕上げようとする使命感からも来ている。貴種にして格別の秀才で「将軍補佐」という破格の老中首座と一緒に仕事をするのだ。定信の同志たちの気苦労も思いやられる。

かれらは、家斉の実父たる一橋治済《はるさだ》や大奥勢力とブロックを組み、定信の独裁権力を倒すことに成功した。それでも定信の粘り腰はすごい。将軍に願って、御用部屋への出入りや少将への昇任、幕政に政策助言をする溜《たまりの》間詰《まづめ》入りを果たすのだ。

或る旗本が指摘するように、田沼意次と定信によって天下が衰微したといえなくもない。定信が人と物を使いこなせず、「諸事の深い極意を見極められなかった」点は、史上最低の総理や最悪の総理を生んだ現代日本政治の混迷原因にも通じるところがある。

イランとイスラエル諜報機関の争い

ロネン・バーグマン『シークレット・ウォーズ――イランvs.モサド・CIAの30年戦争』(佐藤優監修・河合洋一郎訳、並木書房)

ガザをめぐるイスラエルとハマスとの対決が厳しい局面を迎えている。テルアヴィブにロケット弾を撃ち込むなど、ハマスの強硬な姿勢の背後にイランの動きがあることは間違いない。本書が描くイランとイスラエルの諜報機関との争いは、国際政治の裏面を闇で彩る政治の駆け引きとして見逃せない現代のドラマである。イランは、一九八七年までにヒズブッラーなどレバノンの機関に年間一億ドルくらいの活動資金を渡して、イスラエルの動きを攪乱していた。「石油産油国には小遣い銭のようなものだが、レバノンでは大金だった」と著者は語る。ハマスもイランから同様の援助を受けている。

イスラエルによるイラン攻撃の危険性も高まっている。対イラン諜報に関する限り、イスラエルの活動は失敗に終わっており、潜入するヒューミント(人間的要素)が少ないというのだ。また、イスラエル諜報機関の相互対立も興味深い。一九八〇年代終わりまで、八つのイスラエル情報部隊が競合していた。モサドやシンベト以外の地味な諜報機関の複雑な対立関係は、首相も統制できないほど激しく、その内部闘争は「ユダヤ戦争」と呼ばれたほどだ。

諜報活動が何たるかを知らない上司が責任者になる悲惨さは、レバノンやイランの協力ヒューミントを切り捨てる失敗につながる。イスラエルがレバノンでイランの画策した秘密工作にたじたじとなったのは、決して偶然ではない。他方、イランの諜報機関は、ケシと大麻の栽培に手を染めて麻薬ビジネスに乗り出したヒズブッラーの行為を、欧米やイスラエルに対するテロや戦争の一種と考えて見逃すか、ひそかに支援しているふしもある。

この書物の一主人公は、アラファトのファタハで成長したシーア派レバノン人マグニエーであろう。イランの革命防衛隊の援助でヒズブッラーを成長させ、その作戦頭脳となったマグニエーは、二〇〇八年二月に爆殺された。おそらくモサドの仕業であろう。著者は、マグニエーが死んでもイスラエルとアメリカは、イランとヒズブッラーが「過去に前例のない規模の報復テロ」の発生を時間の問題と確信するほどに、この二つの国家と機関を恐れていたと語る。現下のガザ情勢の背後に潜む政治状況を構造的に理解する上でも興味が尽きない本だ。

違いのある政治家の共通性

松下政経塾『素志貫徹――内閣総理大臣野田佳彦の軌跡』(国政情報センター)
小川榮太郎『約束の日――安倍晋三試論』(幻冬舎)

かつて松下幸之助は、松下政経塾をつくったとき、入塾の選考基準として四つの基準を挙げたそうだ。その第一は、運の強そうな人。第二は、愛敬のある人。知能指数の「IQ《アイキュウ》」でなく、「アイキョウ」なのである。第三は、「ある程度」の勉強ができていること。第四は、自分の意見をはっきり言える人、だというのだ。

この基準はなかなかに妙味があると言わざるをえない。受験秀才の学力でなく、人格や人徳を重視するのはもっともな基準であるが、「ある程度」の勉強ができるというのは、なかなか思いつかない条件である。何をするにも我流の思い込みや独学でなく、「ある程度」は人から教わって物事を謙虚に学ぶ姿勢が大事だと言いたいのだろう。

この四つの基準は最近、民主党の代表に再選された野田佳彦首相と自民党総裁に返り咲いた安倍晋三元首相にもあてはまるのではないだろうか。運が強いのは二人に共通しており、不思議な人懐っこい表情をたたえる点でも二人は似ている。霞が関のトップを目指す秀才官僚の頭脳とは異質の「地アタマ」の良さや決断力も持ち合わせている。

そして、外国を含めて誰に対しても信念を曲げず、理想と信じる目標に着実に近づく手法あたりも共通した特徴であろう。しかし、最近出された二冊の書物を読み比べるまでもなく、二人の間にはその生まれや育ち、政治家になる動機や背景において大きな違いもある。

松下政経塾著『素志貫徹　内閣総理大臣野田佳彦の軌跡』は、自衛官の子として生まれた野田氏が集金人から逃げる母の姿をいとおしげに回顧するところから筆を起こす。四人家族なのに鮭や鰺を三匹しか買わない母が、子どもに教育費の心配だけはさせなかったというのだ。私の場合も、母が何をおいても小学校の給食費袋を兄弟二人のために持たせた光景が改めてありありと浮かんできた。野田氏もおそらく、贅沢に慣れた平成の日本人が裕福なくせに給食代を払わない姿を見て、違和感よりも静かな怒りを心中ひそかに抱いているのは容易に想像できる。

細かな雑用をして家計を助ける野田氏の母の姿は、戦争直後の貧しい日本の家庭の健気な女性の典型として、私の母とも重なって見えてくる。このあたりは生まれながら恵まれた環境に育った安倍氏とは違う点である。しかし、両氏に共通するのは、貧富の差や家庭環境の違いを越えて醸し出す政治家としての品格ではないだろうか。この点が鳩山由紀夫氏や菅直人氏には無い雰囲気なのだ。

野田氏は、政治学は教えることもできるし、習うこともできるが、生きた政治を教えることはできないという松下翁の言葉に感化されたようだ。また氏は、リーダーも人間をよく知らねば成功せず、人間を知るには実際の労働の中から考えるべきだという翁の教えにも触発された。工場実習などを通して「皮膚感覚で物を見ること」の大切さを学んだことは、政治信条の粘りを成長させ、津田沼駅の北口で毎朝演説を続け、ついに一日一三時間のマラソン辻説法をする原動力になった。

野田氏と安倍氏は異質な政治家のように見えるが、相当に共通面もあるように思える。野田氏が、民主主義ならぬ「勝手主義」つまり「公徳心の欠如」を憂える政治家であることは意外に知られていない。社会常識や公衆道徳に反する行為を叱る教育が日本にも必要だというのは、本来の野田首相の主張なのだ。

小川榮太郎著『約束の日　安倍晋三試論』は、教育基本法を改正した安倍氏が戦後教育の質の高さを評価し、「個人の権利や自由、民主主義や平和主義といった理念」を認めている点を指摘する。安倍氏は、道徳や価値観、自律の精神の尊重を訴えながら、個人の自己実現と公共心のバランスを教育の基本に据えてはどうかと訴えたのである。この見方は、野田氏の考えとさほど遠いものではない。

そのうえ、野田氏も安倍氏も国民と国家の問題を真剣に考えようとする姿勢は共通している。教育基本法改正案の決議に際して、当時の民主党幹事長鳩山由紀夫氏は、「いじめや未履修、『やらせ問題』などの問題」の審議が不十分だから採決をまだすべきでないという要領を得ない発言をしていた。

著者は、戦後教育が国情に適合しない面があるので現行の教育制度と内容を見直す、とした鳩山一郎元首相を引き合いに出して「草葉の陰で泣く気すらおきなかったろう」と嘆いている。

新たな思考に基づく「主張する外交への転換」を重視した安倍氏の姿勢は間違っていない。集団的自衛権の行使についても、野田氏と安倍氏の距離は驚くほど似通っているのではないか。二人ともむしろ党内で異論を唱える人を多く抱えている点も共通するのだ。情報収集機能の欠如を解決しようとする安倍氏の姿勢は間違っていない。拉致問題を解決できず、中国の尖閣諸島への野心をきちんと防げなかったのは、外交と情報収集の在り方に問題があったからだ。

「美しい国、日本」という国家像にしても格別に奇妙奇天烈なことを語っているわけではない。①文化、伝統、自然、歴史を大切にする国、②自由な社会を基本とし、規律を知る、凛とした国、③未来へ向かって成長するエネルギーを持ち続ける国、④世界に信頼され、尊敬され、愛される、リーダーシップのある国。

この四つのうち、安倍氏を嫌いなメディアが批判したかったのは何であろうか。おそらく、国とか国家といった言葉を正面から使うことに違和感を感じたのであろう。異質そうに見える首相と元首相の二人が、政治家としては基本資質で存外に共通する面をもつことを教えてくれる書物二点である。

ブローデルを読む

歴史学に新機軸

フランスの歴史家フェルナン・ブローデル(一九〇二―八五年)は、一六世紀の地中海世界史を扱った大著『地中海』において、歴史学の任務が現在のさまざまな「不安な問題に答えを出すこと」にあると述べている。

人間的に豊かな歴史の事象は、地中海に限られるものではない。しかし、細部へのこだわりを持ちながら全体史のパノラマを示した『地中海』は、印象派を思わせるような華麗な文体と構成によって、歴史家と一般読者の関心を同時に引き付けた。経済学に文学ジャンルの要素を期待しなくても、歴史学の叙述に文学性を期待する市民は多いのである。

しかも、『地中海』の放つ光は、抽象論を重視する伝統的な歴史学ではなく、躍動感あふれる新たな歴史学を感じさせた。

事実、経済分析と資本主義に関するブローデルの見方は、経済学者の高い評価を受けることも多い。ブローデルは地球規模での歴史の再考を迫った点で「歴史学のコペルニクス」であるとともに、社会科学の「創造的破壊」を狙ったという意味では「歴史学のシュンペーター」でもあった。いまブローデルに政治家や経済学者が関心を持つとすれば、それは現代人がさまざまな意味において危機に面しているからだ。

欧州債務危機を抱えるグローバルな不安の時代に、ブローデルが求められるのは、「グローバルな思想家」としての彼の著作に未来の見通しとグローバルな判断を期待するからであろう。フランスの経済学者アラン・マンクが語ったように、ブローデルは歴史の流れ、経済の現実、そして社会の動きを同時に理解しようとする点で、社会をグローバルな視点で見る思想家だともいえよう（浜名優美『ブローデル『地中海』入門』）。

危機のたびに見直される学者といえば、五〇年ほどの景気の好不況の波を主張したニコライ・コンドラチェフやその影響を受けたヨーゼフ・A・シュンペーターを思い浮かべる。だが、ブローデルも『地中海』を書いて、経済の上昇局面の緩慢さと下降局面の速さを歴史学の上で実証したのだった。

三つの時間

ブローデルは、歴史家にとって一切は時間に始まり時間に終わる、と述べたことがある。時間はどれほど長く続いたとしても、永遠ではない。彼は景気の低迷など短期の危機という変動局面の歴史を知る場合にも、長期にわたり徐々に変化する歴史の構造をまず理解すべきだと考えていた。

『地中海』は一七世紀の百年単位の景気の後退において、地中海の景気循環が北欧よりも早く起き、一六五〇年以降に衰退期に入ると実証した書物でもあった。

『地中海』を読むと、一六世紀の地中海世界について知りたいすべての事実を知識として得られるが、重要なのはその三部構成で展開される「三つの時間」の流れなのである。

第一部はほとんど動かない歴史、つまり人間とそれを取り囲む環境との間にゆっくりと流れ、目立った変化を示さない歴史である。この緩やかな動きは「長期持続」と呼ばれる。

第二部で姿を現すのは、緩慢なリズムを持つ経済、国家、社会、文明といった人間集団の歴史である。この変動局面の中間的な速度は「中期持続」と呼ばれるにふさわしい。

第三部は、人間の引き起こした事件を描く伝統的な歴史の叙述である。人間性の瞬間的な発露を含む素早い運動のドラマは、あえていえば「短期持続」ということになる。しかし、ブローデルはことさらに「出来事の歴史」と呼び、事件ばかりを追い求める伝統的な政治史研究者には批判的なのである。

弟子のジャック・ル゠ゴフは長期持続を、時間軸を長く取る意味ではなく、ゆっくりであれ進んでいく周期運動のことだと解釈している。彼によれば、ブローデルは歴史の進化が異なる複数の周期運動の混成から生まれるとみて、三つの周期運動、つまり「三つの時間」の組み合わせを重視した。ほとんど動かない歴史ではなく、景気循環などの周期運動に関心を抱いたというのだ（フランソワ・ドス編『ブローデル帝国』）。

出来事の歴史である短期持続は、根本的には経済史家といえるブローデルにとって重要でなかった。その気質からして最重要視したのは歴史の変動局面であり、彼の問題意識と学問手法は危機を分析解明する社会科学、特に経済学に近くなったのである。

経済発展の不均衡

ブローデルの歴史学は、ボスニア・ヘルツェゴビナやコソボの内戦からギリシア債務問題に至る「欧州連合（EU）の統合危機」がいま訪れているからこそ、関心を呼ぶだけでないのだ。それは彼の研究内容が危機の原因となった資本や富の偏在、つまり「不均等発展」というテーマにも関係するからである。

「発展」の問題はかつて、開発が進んでいるか否か、という単純な二項対立だけで捉えられていた。だが、開発が進み通貨統合したEUの内部でさえ、財政構造が均質でなく、経済発展の不均衡が生じ、債務危機が起きたのである。

しかも、財政金融危機が生じたギリシアはじめ、スペインやイタリアは、いずれもブローデルが「こよなく愛した」と告白する地中海の経済活動を支えてきた中核国家であった。これらの国々がいま苦悩する財政金融危機の要素は、ブローデルが『地中海』で提示した一六世紀の欧州の国々の試練とも共通しているのだ。

ギリシアをはじめとする南欧諸国の危機は、ブローデルが示した世界史の長期的な動きをまざまざと例証している。一六世紀の世界では、少なくとも欧州の経済中心地が地中海にあったのに、一七世紀になると経済の重心は大きく大西洋方面に移動していった。ロンドンやアムステルダムなど北の欧州によって動かされた歴史は、いまドイツという別の〝北の巨人〟の力が動きを加速させている。そういう冷徹な歴史の結果にすぎないのだ。

しかも、ギリシアの危機的状況は、経済学でいう均衡状態にいずれ戻るはずの「一時的な不均衡」とは違う深刻な性格を帯びている。緊縮財政に反発する国民心理、脱税などのモラルハザード（倫理の欠如）を放置していた点など、ギリシア史を振り返ると表れる独特の心の動きとの関連で理解したほうがよい。

一九世紀前半、オスマン帝国からの独立に際し、ギリシアは政治・財政両面で欧州諸国の手厚い支援を受けた。にもかかわらず、その後も国の確固たる基盤が整わず、二〇一一年の国内総生産比政府純債務残高は一六〇％。ブローデルのいう中期の変動局面では、ギリシアは失敗したとさえいえる。

一方、オスマン帝国を継承したトルコは三三％。両者の数字に接することができたなら、欧州愛国者ともいうべきブローデルはいかなる感想を漏らすだろうか。

自足できる世界

ブローデルが描いた地中海は「六〇日間の世界」であった。ジェノヴァ、ミラノ、ヴェネツィア、フィレンツェの「緊密な四辺形」を包み込んだ地中海世界は、六〇日間で端から端まで行き来し、その範囲で生活の必要物資をすべて供給できた。

彼は、同じ経済構造を持つ「自己充足できる世界」を「経済＝世界」（エコノミー＝モンド）と呼んでいる。これは、国際経済を意味する「世界経済」、つまり全世界の市場を意味しない。「経済＝世界」とは、世界の全体でなく、一つのまとまりを持つ地域経済圏を指していた。

一六世紀の地中海は地球の片隅にすぎないが、自律性のある経済によって自給自足が可能であり、域内での連絡や交換により有機的なまとまりを維持していた。また地球には、他にも多様な経済＝世界があったのである。

ブローデルは、地中海岸から距離が遠ざかった地域を含む、地中海におけるモノの交換とヒトの往来によって活発な日常生活を営む地域の全体を経済＝世界と呼んだのだ。地中海圏ともいうべき「海の複合体」は、政治・文化・社会の面で分割されていても、経済の面で或る種の統一性を受け入れていたのである（『物質文明・経済・資本主義　世界時間1』）。

ブローデルのいう経済＝世界は、ドルを基軸とした国際通貨基金（ＩＭＦ）体制が支えてきた世界経済のまとまりが揺らぐ現実を分析するうえで、示唆に富むカテゴリーといえよう。

共通通貨ユーロの導入で欧州を「自己充足できる世界」に成長させようとした欧州連合（ＥＵ）の試みは、米国に匹敵する経済＝世界を目指すはずであった。

しかし皮肉なことに、地球でも有数の経済＝世界になる野心を抱いたＥＵが、ほかならぬ地中海の国々の財政金融危機で内部分裂に瀕しているのだ。

一方、ブローデルは、太平洋の歴史的未来を高く評価しなかった。日本、中国、インドといったアジア太平洋の「海の複合体」が一番活力のある経済＝世界になることを予見できなかったのではないか。もとより、これは彼が一六世紀から一八世紀までの時代を扱う歴史家であり、一九世紀以後の近代史に足を踏み入れなかった以上、当然かもしれない。これも文明史家としてのブローデルの個性というものであろう。

にじむ愛国心

ブローデルがアジア、ひいては二〇カ国・地域（G20）の成長可能性を予見できなかったとしても、それは欧州社会経済史の専門家の資質を損なうものではない。

ただ、原因は必ずしも専門性だけに求めるべきでなく、自らの属する欧州文明へのこだわりにもあったのではないだろうか。それは、彼が冷淡に処理した社会経済史と政治外交史の間で起こった「出来事」の叙述に時折姿を現す。

『地中海』第三部の圧巻である一五七一年のレパント沖海戦の筆致はその例であろう。フランスの思想家ヴォルテールのように、スペインとヴェネツィアとローマ教皇庁の合同艦隊にオスマン帝国海軍が屈した事件の意味を過小評価する人々もいた。

しかし、ブローデルはレパントとそれ以降だけを注視すべきでないと警告を発した。レパント以前にも注意を払うなら、その勝利は「ある悲惨の終わりとして見えてくる」というのだ。

ブローデルの『地中海』は単純な欧州中心主義の書ではない。それでも「悲惨の終わり」の次には、伝統的な政治史家を思わせるような説明が登場する。「キリスト教世界の現実的な劣等感に終止符が打たれ、それに劣らず現実的なトルコの優位が終わりを告げたと見えてくる。キリスト教国側の勝利は、非常に暗くなりそうな未来への道を遮断したのだ」（浜名優美訳）。

これは英国の歴史家ジョン・アーノルドが著書『歴史』で「トゥキジデスの政治の塔」と揶揄《やゆ》した政治史万能の叙述といっても通用する。ブローデルは、もし合同艦隊が敗れていたなら、ナポリやシチリアが占領されていたかもしれず、北アフリカのムスリムがハプスブルク朝スペインに残る同胞を扇動した危険性もあると述べている。

この見方は、オスマン帝国のバヤジト二世のドイツやイタリアへの進撃を妨げた痛風の発作を強調するイギリスの歴史家、ギボンの『ローマ帝国衰亡史』と変わるところがない。ブローデルの史観には、フランスや欧州への「愛国心」につながる要素が含まれていた。その著作は欧州連合の共通教科書に選ばれても、少しもおかしくないのだ。実際、未完に終わったブローデル晩年の作品は「フランスのアイデンティティ」と題していた。

異なる二つの構造

学問が違うと、同じ言葉であっても異なる意味を持つことが多い。「構造」もその一例であろう。歴史家ブローデルが使う構造とは時間の要素が入った具体的な現実であり、誰でも観察可能である。この「構造」は建築物の基礎のように、出来事や事件など歴史の表層の奥にあり、ほとんど動かないように見えるものだ。構造は三つの時間では「長期持続」にあたるといってもよい。

それゆえに、フランスの歴史学者フランソワ・ドスによれば、中期持続はじめ他の時間的リズム、特に短期持続である出来事の歴史よりも、長期持続が学問的に重視されるのである（『ブローデル帝国』）。

この誰でも観察可能な経験的構造は、人類学者レヴィ＝ストロースの使う構造とは異なる概念である。

レヴィ＝ストロースの構造は、どの時代であっても変わらない、非歴史的で無時間の構造を意味する。社会的現実の変化を意識せず、どの社会組織でも変わることがない。それはいわば「定数」なのだ。一方、ブローデルの構造は、たとえ緩慢であれ徐々に変化する歴史に等しく、「変数」をその内部に抱えている。文明の基礎を構成する宗教的な感情や死生観や家族観といった時間の構造といってもよい。

レヴィ＝ストロースがいつも極度に無時間的な現象を扱ったとすれば、ブローデルは時間に始まり時間に終わる事象を構造として問題にした。その構造とは、歴史家の感覚ではせいぜい一〇〇年を超える単位であり、人類学者の射程と比べるなら、驚くほど短いものだ。

レヴィ＝ストロースが神話や親族構造を解明する原理を探索するために構造へ着目したのと対照的に、ブローデルは歴史の表層に浮かび上がる現象を生む原因となる構造を抽出しようとしたのだ（浜名優美『ブローデル『地中海』入門』）。

レヴィ＝ストロースの構造は、現代の大変動の問題解決に示唆を与える装置とは言い難い。やはり、変動局面を三つの時間概念や構造のカテゴリーを踏まえて議論するブローデルの方法こそ、大変動の時代には魅力的であろう。それゆえにブローデルは経済発展の歴史家ともいえるのであり、発展の構造を専門とする経済学者の関心を引くのも偶然ではないのだ。

資本主義の変遷

経済学を発展させるようすがとして歴史を重視する人々は、普遍的な法則や公理の抽象性でなく、ブローデルのように歴史の構造を強調する具体性を評価しがちだ。ブローデルの特徴は、理論と抽象性にこだわる人々と、具体性に依存しすぎる事件史中心の世代という二つの極端な立場を拒否した点にある。彼から刺激を受けた米国の歴史社会学者イマニュエル・ウォーラーステインが唱えた「史的システム」は、ブローデルが重視した空間という広い構造、持続という長い時間の構造につながる概念である。

しかし、フランスの経済学者ミシェル・アグリエッタも指摘するように、二人の間には大きな違いもある。ブローデルは歴史では常に複数の経済＝世界が存在したと理解するのに、ウォーラーステインは資本主義的経済＝世界だけが存在すると考えるからだ。

確かに資本は世界の全体を潜在的な市場とし、資本主義には固有の国際的な流通体制が生まれる。この体制は国家の統制をすり抜け、国家間の差異をのりこえると考えられてきた（『ブローデル帝国』）。こうした能力を持つ資本主義は、産業革命から生まれたわけではない。アグリエッタはそれが「遠くからやって来た」と表現する。一三世紀にさかのぼる資本主義は投機的性格を帯び、すでに国際的な流通が存在したというのだ。資本主義は、モノを生産するシステムの以前には、商業や金融の形式をとるのが普通だったのである。

これはブローデルのいう「アンシャン・レジームの資本主義」であり、その後、英国の自由貿易関連法などを機に企業間の競合が本格化した「競争資本主義」、一九二九年以降に確立するフォード・モーターの自動車生産に象徴される「管理資本主義」が訪れるというのがアグリエッタの整理にほかならない。

こうした流れを理解するとブローデルの経済学への貢献がよく見えてくる。それは、「本物の資本家」や「大資本家」は商人であり、金融家や生産者でもあった事実を強調したことだ。重要なのは、資本家がどの領域で最も多くの利益を引き出すのかという点にある。産業革命は、工業生産の利益率が上がって、多くの資本がこの生産領域に移るようになった歴史上の時期として分析可能といえよう。

人文学要素を重視

危機の時代に生きる日本人は、歴史学と社会科学との関わりについて積極的に考えたブローデルから学ぶべき点も多い。

歴史学なき社会科学に未来がなく、社会科学との関わりなしには歴史学は存在しない、と述べたのは、フランスの歴史学者ジャック・ルヴェルである（『ブローデル帝国』）。日本でも、歴史学はともすれば誰でも簡単に参入できる学問だという誤解や錯覚を与えてきた。

一四世紀チュニジアの歴史家イブン・ハルドゥーンは、「空想」や「偽りの噂話」にふけり「事件の原因や状況を観察」しない歴史家さえいると怒ったほどである。

ブローデルは地中海の全体史を語ることを通じ、歴史学の複雑さを示し、三つの時間と関連する事象をいかに叙述するかを問うた。この考え方は経済を歴史的に分析し、調整の重要性を強調した「レギュラシオン派」の経済学にも大きな影響を与えたのだ。

経済領域を除くと、ブローデルも「三つの時間」の統合に完全に成功したとは言い切れない。社会科学では、短期の出来事はさして重要でない時間を表しているとの見方さえある。

しかし歴史学の立場からすれば、同一対象を三つの異なる時間の観点で語ることは、対象となる事物の個性を明確に浮き上がらせ、歴史の複合性を際立たせる上で大きな手掛かりとなった。ルヴェルによれば、ブローデルは、登場人物の脳裏で起こることをすべて知ったうえで彼らに代って語るような一九世紀の小説的歴史モデルを破壊したのだ。

さらにブローデルは、歴史学で名も無き民衆を叙述した点で「偉大な学者であると同時に、偉大な作家でもあった」といえよう。これは、歴史学がどれほど社会科学に近づいても、そこに残る人文学的要素がブローデルでも大きな比重を占めたということだ。極端に史料の統計的処理に傾斜した弟子たちを後継者として認めなかったのは、彼が歴史学の人文学的要素を重視していたからだろう。

「三つの時間」の理論が不十分であろうとも、歴史の変動を考える多くの社会科学者が長期持続、持続の周期性、時間の三層構造といった観念の影響を受けている。にもかかわらず、ブローデルの目指した歴史学、特に全体史の考えは揺らいでしまった。なぜだろうか。

危機の時代の支柱

ブローデルは才気と関心を地中海など特定のテーマと分野に限定した。すべての社会科学に歴史学を消化吸収する義務も説いた。だが、構造主義が人類学から現れて以来、モデルとしての洗練度などの点で、歴史学による社会科学の融合や全体史の構想は、彼の生前から分が悪かった。

大きなスケールという印象とは裏腹に、ブローデルは歴史学全体の肥沃な領野を横断しようとしなかった。全体史の手法で文明論を語ろうとすれば、イスラームや中国のような異世界に旺盛な関心を抱くべきなのに、そもそも「比較」への興味がないのだ。

同じフランス人でも、古代史のポール・ヴェーヌのように「発見を目的として、異なる国とか異なる時代とかから事実を借用してきて比較すること」を重視する歴史学者もいた。

私も日本やイスラームの歴史を念頭に置き「比較」することで世界史の理解に光明が生まれる可能性を詳しく説いたこともある（拙著『歴史の作法』文春新書）。

終生ブローデルは伝統的な政治史を否定し「政治」に冷淡だった。全体史を説くにもかかわらず、ブローデルと彼を生んだ「アナール学派」は新しい政治史や現代史の開発に失敗する。国際関係史や外交史の新手法や基盤を作り出さずに、近現代の全体史構想を構築するのは難しかった。弟子ル＝ゴフが指摘したように、彼が人間についてほど社会について語らなかったのは偶然ではないだろう（『ブローデル帝国』）。

ブローデルは歴史学を「時間の中における人間についての科学」と考えていた。しかし、人間はあくまでも社会の中にあってこそ人間なのだ。社会はそこに生きる個人の存在や現実を具体的に浮かび上がらせる役割を果たしているのだ。

ル＝ゴフは歴史学を「時間の進展における人間社会についての科学的な研究」と定義した。これは、今の日本で歴史学が果たすべき役割を言い当てている。歴史学は経済学のような理論的な基盤に欠ける。それでも、現状分析さえ頼りなげな一部の社会科学に重みを与える歴史学の効用を否定できない。ブローデルの偉業は、多弁で美麗なうわべの概念に頼る学問よりも、歴史学が危機の時代に頼りがいがある学問であることを示したともいえよう。

II

随筆は独白である。小説家や劇作家は、時に様々な性格を持っていなければならない。シェークスピアはハムレットにもなり、ポローニアス役も務める。しかし、随筆家ラムはチャールズ・ラムであればいいのである。随筆は、その書く人を最も率直に表す文学形式である。それゆえ、随筆は読者に親密感を与え、友人から受け取った手紙のようなものなのである。

——ピ・チョンドク（皮千得）著　李春子訳

『対訳　ピ・チョンドク随筆集』（アルク、二〇〇六年）

預言的な響き

司馬遼太郎／陳舜臣『対談 中国を考える』（文春文庫）

日本人は、他の国民と違って、中国について現実を素直に見ることができない。中国文化の或る部分を理想化するあまり、歴史をありのままに見る道筋を拒否するところがある。このウエットな特徴は、江戸時代の儒学者から現在の中国専門家にいたる知識人に見られるばかりでない。歴代の政党政治家を含めた為政者のなかにも、日本の歴史や両国の関係をしばしば歪めて考える者がいる。

中国文明を尊敬し友好を求める態度と、中国の政治的な威に萎縮し唯々諾々と意を迎える卑屈さとは別物である。日本の政治家と外交官にはこの違いが判らない人も少なくない。これは、『文藝春秋』の一九七〇年一一月号の陳舜臣との対談において、司馬遼太郎が表現した「日本人の漢文的世界」の感覚と無関係ではないだろう。

司馬遼太郎は、漢文的世界の中国と現実の中国は別物だと述べている。これは、自分の頭の中に存在する漢詩や漢文でイメージされる世界が、生きた政治や外交の舞台である現実の中国と同一でないということだ。脳裏にある過去の幻影をそのまま現実の舞台に投影すれば、少なからぬ判断ミスや誤解が生じるのは当然であろう。学者の理屈だけなら国を滅ぼすことはないが、政治家が主観的な感情移入や共感にこだわるなら国益を毀損しかねない。

秦の始皇帝の時代に徐福が来住して日本を開いたという説をまともに受け入れる日本人はいない。他方、九世紀の『新撰姓氏録《しんせんしょうじろく》』にある秦氏《はた》が渡来人の末裔であり、中国起源の帰化人であることは、歴史学の上でかなり信用できる。歴史で必要なのは、いつの時代についても、伝説と史実をしっかり区別する作業である。たとえば、『史記』の世家の最初に出てくる呉の太伯が日本人の先祖だという説はとるに足らない。髪を短く切り体にイレズミを入れた太伯が「倭人」にそっくりだから、日本人の祖だという説は中国で流布したものだ。しかし、この説は、南北朝の北畠親房、足利時代の一條兼良、徳川時代の山崎闇斎などが毅然と斥けていた。それでも、徳川家康の政治顧問ともいうべき林羅山は日本人が太伯の末孫だという説を長々と書いたので、後に山崎闇斎が憤慨してこの捏造などはさしずめ『周礼』にいう「造言の刑」にあたると厳しく批判したほどだ（内藤湖南「先哲の学問」『全集』第九巻）。

林羅山の誤りは、司馬遼太郎のひそみにならえば、中国をあまりにも「漢文的世界」でとらえようとした点にあるのではないか。現代日本の政治家や外交官がしばしば中国について犯す情勢分析の甘さや判断ミスは、頭で描いた「漢文的世界」のコードで現実の複雑さを単純化するか、単純さをあえて複雑化する点にある。むしろ、中国の海軍力増強や尖閣諸島の問題をめぐる暴力破壊行為で改めて確認すべきは、「現実の中国のほうは、日本人にとってきわめて判りにくい民族」だという司馬の指摘であろう。司馬は、アメリカ人のほうが日本人には判りやすいくらいだというのだ。

司馬は、いまの日中対立の時点から回顧すれば興味深い提案をしていた。

「こうなると、日本人にとってヘタに中国を理解しようと思う姿勢をとらないでいる方がかえって便利のように思えてきますよ」

この司馬の発言に陳舜臣が反発しているところも面白い。

「どうも日本人は、そういうふうに閉鎖的に閉じこもってしまいがちなんですよ」

陳は、日本人が閉鎖的でいる方を有利と考え、鎖国もやはり日本的な個性の現れだと切り返すのだ。こうした鎖国を受け入れる精神性こそコンパクトで機能的な国家の体制に適合すると言いたげである。「理想は手足のごとくうごかせる精鋭の小部隊を編成することです。大軍団になってしまえば、動きが鈍くなる」と。

中国のように広い国なら大軍団を使いようもあろうが、日本のように小さな国土で大軍団ができてしまうと処置なしである。武家政治が長く続いた日本は、徳川時代の終焉後も明治にその伝統が引き継がれた。そして、満州事変前後から武家政治を是とする極端な流れや世論が出てくる。そこに乗っかったのが陸軍の軍閥ということになるだろう。

この軍閥が大軍団を擁すると海外遠征戦争という日本史にほぼ例のない大胆な行為に乗り出すほかない。司馬は、昭和の軍閥が日本を支配するというよりも、日本と日本人を占領してしまったという巧みな表現をしている。

ところで司馬は、中国人と日本人との違いは何かという問いを発した。すると、陳は「中国人は現実的で、フィクションを認めない」と間髪を入れずに答えている。日本では、もともと古いものも新しいものも外から来た事物だった点が中国と違うというのだ。

確かに、外来の思想が中国起源ならば、そこに考え方の普遍性と、それが生まれた中国の特殊性の双方が含まれている。当然、独自の民族と国家である日本は、ひとまず中国で生まれた普遍的な「道」と日本固有の社会感覚との葛藤に悩むことになる。司馬は、自前のものは神道のシャーマニズムだけだから、明治の近代化など各種の試練に際して、中国から来た文化や事物を捨てるのも簡単だったと語る。しかし、実際の思想の受容と廃棄との関係は二人が言うほど簡単なものではない。

それを考える一つの手がかりは、すでに紹介した儒学者にして神道家の山崎闇斎の思想であろう。闇斎は弟子たちに、孔子や孟子が日本へ攻めて来たならば、孔孟を捕虜にするのが孔孟の道だと説いたといわれる。中国で生まれた儒学の道徳観で大事なのは、そこにはらまれる普遍主義であり、説いた人物たちの民族籍や国籍ではないというのだろう。その弟子の浅見絅斎《けいさい》が述べた「聖賢の道を尊むべし」とは、日本で平和に人びとが生活をしているときに、異国（外国）の贔屓をするあまり国の利益を忘れるのは大きな「異端」であり、普遍的な教えの「道」に反するという主張につながる。

もし異国の君主の命令で孔子や朱子が日本に攻めてきたなら、まず進んで二人に鉄砲を向けて孔子と朱子を討ち取るのが日本人としての大義というものだという。書物だけを読んで異国人（中国人）になった気分となり、その真似をするのは正しい「道」を知らないからだ。この点では、絅斎の論敵となった同門の佐藤直方も、国際関係における日本の自主独立と安全保障を当然の理と考えていた。まず起こりえないと留保しながらも、もし孔子と孟子が軍隊を率いて他国に侵攻すれば、それは孔孟が自らの説いた「道」に背馳する行動をとるのだから、「道」に従ってこれを撃破すればよいというのだ（『日本思想大系三一・山崎闇斎学派』所収各編と解説・丸山真男を参照）。

孔子や孟子が説いた教えを守ることこそ孔孟の道というものであり、それを孔孟自ら踏みにじるのは〝中華思想〟の排外主義的な現れだから抵抗しても構わないという理屈は、ずいぶんと醒めた世界観というほかない。このあたりが陳舜臣のいう、自分の生き方を変えない中国人、変える日本人という個性の違いなのかもしれない。

ここから二人は、明治維新のように方向転換の早い日本と、過去を切り落とすために連続革命を必要とする中国との差異を強調する。清朝を倒した一九一一年の辛亥革命も第三革命まで続き、その後の蔣介石の北伐や国共内戦や日中戦争、そして一九四九年の中華人民共和国成立までを考えると不断の革命の歴史であった。大躍進や文化大革命はもとより天安門事件やチベット問題を見ても、かつて毛沢東が語ったように革命は永遠に続くという重い感覚が、中国人の理念への過剰なこだわりを生み出しているのではないだろうか。

いまや、そのこだわりは共産党独裁による資本主義という世界史でも最もいびつな体制を維持するために、反日を理念と現実の双方で掲げざるをえない。尖閣諸島を「核心的利益」と位置づけ東シナ海のヘゲモニーをとる動きは、陳舜臣の言葉を借用すれば、中国では火がついても炎が出るまで時間がかかるという例であろう。炎が上がってもすぐには広がらないのである。日本の政治家と外交官が忘れた頃に大きな炎になるのだ。

かれらの一部は、中国による一方的な東シナ海ガス田開発や恣意的な歴史解釈が起きて両国関係に火がついても、中国が声を荒げるのをひとまず止めれば紛争の火種が消えてしまったかのように錯覚する傾向が強い。しかし、問題はもう消えてしまったと都合よく理解しても、実際に手を触れてみるとまだ熱気がある。そのうちにくすぶりだして、また炎が出てくる。その時は前の炎と違って、大きな炎になってまさに燎原の火のように広がり、鎮火のしようもなくなるほどだ。いまの中国海軍や関係部局による日本の領空領海への公然たる挑発は、日本の歴代政権が前の炎は消滅したと勝手に思い込んだ〝天罰〟でもあろうか。

日本の明治維新やアジア太平洋戦争の敗戦では、パッと炎が燃えあがって新時代に移行した。中国ではなかなかにそうはならない。中国では辛亥革命による帝国の崩壊プロセスがまだ終わっておらず、火種がいつもくすぶりつづけボヤになり、時には大火にまで達する現代史が繰り返されているのだ。それどころか、マルクス主義と共産主義を中国史の独特な文脈で変容させた毛沢東思想を中華人民共和国が掲げる限り、さながら中華帝国のように周辺に膨張を続ける圧力を、日本は正面から跳ね返す意志力と歴史観を正しく身につけるべきであろう。

まさに中国の「大軍団の不器用な旋回」（陳）をまともに風力として受けても、アジアで跳ね返せるのは日本くらいなのである。しかも、このまだ終わっていない革命の大きさは、「揚子江の規模」（司馬）くらいの巨大な圧力であることを真剣に認識してかかる必要がある。この意味で、二人の対談のタイトル（原題「日本人は〝臨戦体制〟民族」）はまさに預言的な響きをもっていま甦るのである。

「Gゼロ」後の国境と領土

「国境線はアメーバのようなものだ。確定した国境線は存在しない。新しい方向に延びることもあるし、周辺国を統合することもあるし、地域を無定見に引き裂くこともある」

これは、インド人の国際政治学者パラグ・カンナの『ネクスト・ルネサンス――21世紀世界の動かし方』(古村治彦訳、講談社)の一節である。著者によれば、無秩序に引かれた国境線は平和に対する最大の脅威であり、永続的な「地理的ストレス」のために、ヒトやモノのエネルギーが無駄に使われてきた。著者は、近代の国境線を引き直すには今が最適のタイミングだと主張する。独立したい民族には希望をかなえさせ、すべての民族が自分の国家をもつべきだというのだ。関係地域を道路網と鉄道網でつなげば、経済活動が活発になり、国境線は無意味になると語る。

しかし、カンナの楽観的な議論には、新疆ウイグルやチベットの民族的実在に対する中国政府の姿勢を見るだけでも懐疑的になる。そもそも竹島や北方四島の問題に加えて、中国政府による尖閣諸島の領有権の主張もある。日本の現領土に関する限り、彼のいう「植民地時代に恣意的に引かれた国境線」という表現は単純に当てはまらない。

池内敏『竹島問題とは何か』（名古屋大学出版会）は、限られた史料を虚心に読めば領土や国境の問題でも同じ結論に達することを教えてくれる学術書である。その結果、一九〇五年の竹島の日本領編入は、その時点で竹島が韓国領だったことを証明できていない以上、無主地先占を論拠とする日本領編入は有効であり、島根県告示で公示されたのも有効だと結論づける。五一年のサンフランシスコ講和条約における日本の領域画定には竹島が日韓いずれに帰属するとも明示されていないが、ラスク書簡によって韓国領とも認めていなかった。もっとも池内氏は、竹島への領有の欲求は、一九〇〇年から〇五年までの五年内外のうちに日本人と朝鮮人の双方に芽生え、わずかの差で日本政府が公式に領有を声明したという微妙さを指摘する。氏は、「固有の領土」という表現の複雑な綾《あや》には懐疑的なようだ。

厄介なのは、世界各地で曲がりなりにも地域や民族の紛争を最小化するか収めてきたアメリカが「世界の警察の役割」を果たす余裕がなくなり、国際政治「Gゼロ」ともいうべき主導国不在の状態が現れていることだ。イアン・ブレマー『「Gゼロ」後の世界――主導権なき時代の勝者はだれか』（北沢格訳、日本経済新聞出版社）は、アメリカの力の減退をぬって、「勢いを増してきた国々が自国周辺地域での支配権を競って、地域レベル、局地レベルで武力に訴える場面が頻発する」と予想する。これこそ今、尖閣諸島をめぐって生じている事態なのかもしれない。中東問題でもアメリカなどは、介入の意志や能力を弱めており、平和を維持するのは装備が貧弱な関係国の軍事力だけという状況なのだ。つまり紛争が戦争に発展する可能性は今以上に多くなるらしい。ブレマーも語るように、Gゼロ世界では、列強の争いがサイバー空間で行われる見込みも高い。

領土紛争が大戦争につながることは稀だが、小さな戦争なら世界史上数多く誘発されてきた。一九八二年のフォークランド紛争は、「昔からの恨みつらみが軍事上の無謀さや便宜主義(もしくは自暴自棄)と合体」して、「最も意外な場所で、最も意外な形」で起こった事例である。こう指摘した『二〇五〇年の世界』(英『エコノミスト』編集部、文藝春秋)は、アメリカの軍事計画立案者が台湾海峡の危機を右肩上がりで警戒していると述べる。「中国政府が独善性を強め、能力を拡大する中国軍がいじめや蛮行に走ると、アメリカがこれらの事態に直面するリスクが増大するからだ」。中国といくつかの隣国との間には、島々と周辺の天然資源をめぐって緊張が高まっている。「状況がいつ悪化してもおかしくない」という見立ては、尖閣問題にも当てはまる。状況の解決策は、楽観的願望でなく、近隣との衝突リスクが高まる現実に実務的に向かい合うことから始まる。

現代の政治を考えるうえでも示唆に富む

筒井清忠『昭和戦前期の政党政治』（ちくま新書）

一九四五年七月のポツダム宣言に、日本における「民主主義的傾向の復活強化」という文言があることは存外に知られていない。またイギリスによれば、〝日本の民主化は明治憲法の修正で可能〟なのであった。著者によれば、これらの評価は、一九二四（大正一三）年に成立した憲政会の加藤高明総裁を首班とする護憲三派内閣などの民主主義政治を意識しているという。確かに、大正末期から昭和初期の政党内閣は、普通選挙制度が始まり日本の現代大衆デモクラシーをもたらした。

高橋是清の政友会、加藤高明の憲政会、犬養毅の革新倶楽部の護憲三派は、政党内閣制の確立に貢献しただけでない。政治の政党主導を唱えた点で、今日の〝政治主導〟を思わせるものがある。当時でいう「政党員の就官」は、事務次官や主要局長に政治家を配して、実際の行政を官僚と同じレベルで仕切ることを意味した。また、憲政会系の官僚の積極的登用もおこなわれた。これらは、政党政治家と官僚の双方に相当な能力と自信がないと巧くいかず、政党と官僚との軋轢が増す原因ともなった。この経験は、政権交代後の民主党の政治主導なる理念による行政の混乱と政策の一貫性の欠如を考える上でも参考になる。

加藤首相ひいては護憲三派の功績は、政務次官の設置による行政官僚の統制、行財政整理と緊縮財政、普通選挙制の実施など相当に大きいものだった。海軍軍縮や陸軍四個師団廃止なども、この時におこなわれたのだ。また、英国政治を学んだ加藤は二大政党制論者であったが、小選挙区制でなく中選挙区制を選んだ。現代の選挙制度と同じく、小選挙区制を採るはずの加藤が中選挙区制を是としたのも不思議であるが、第一回普選後しばらくは二大政党政治が実現した点を考えると加藤の見識や判断は見事ともいえる。著者は、「ここに実際家が机上の制度設計家などをしばしば越え得る政治というものの妙味がある」と指摘している。良質の政治家と無責任な評論家との違いを正しく見抜いているといえよう。

憲政の桎梏でもあった貴族院の存在を衆議院に事実上従わせた加藤の手腕も見事である。政友会は貴族院の権限縮小による衆議院の制度的優位を主張したのに、憲政会は貴族院が実質的に第二院に留まればよし、という現実的な慎重論で貴族院の力をそぐ改革を断行した。この粘り強い技などは、現代政治における衆参両院の関係再編を考える上でも参考になる。

加藤や護憲三派の試行が潰えた大きな原因は、マスメディアによる「劇場型大衆動員政治」の煽動とも無縁でない。政党政治の批判をするばかりでなく、「政党外の超越的存在・勢力」と結びついた新聞の責任も小さくない。こう述べる著者の見方は、〝支持政党なし〟という声に流されて、〝第三極〟をもてはやす傾向のある現代のマスメディアと政治との関わりを考える場合にも示唆に富んでいる。

軍隊と警察

軍隊と警察は、一般の日本市民にとっていちばん遠く感じられる国家機構であろう。ところが、同じ日本人が時代小説や警察小説を好んで読むというのは面白い現象である。戦国合戦の武将の功名や軍師による知謀の駆け引きなどは、近代軍隊の作戦や用兵に通じるところが多い。中村彰彦『真田三代風雲録』(実業之日本社)は、信州の土豪や武田信玄の謀臣から出発して、戦国大名、徳川大名として明治維新まで続いた真田家創業の武将たちを描いた佳作である。

真田三代とは、幸隆、昌幸、信幸(のち信之)・幸村兄弟を指す。上田城主から松代城主として戦国、織豊、徳川の三代を生き抜いた真田家は、いかなる権謀術策と政治力を駆使して社稷を全うしたのか、戦国時代史を凝縮したような小説として面白い。同時に、中村氏の作品には、いつもながら独特の史論と豊かな観察力があり、興味深い仕掛けが施されている。たとえば、真田昌幸を贔屓にした秀吉の朝鮮出兵が武威を唐土《もろこし》から南蛮まで及ぼす試みだとし、九州平定などは「幾旬も要らぬ」と秀吉に語らせる。そのうえで、中村氏はこう解説するのだ。「あきらかに秀吉は、中国地方や九州に覇を唱えることを最終目標とした毛利元就、島津義久などとは違う視野をもっていた」。

また、徳川家康の家老で内政と外交を一手に取り仕切っていた石川数正が秀吉に通じた事件などを、現代にたとえればロシアの外務大臣がアメリカに亡命したような打撃だったと比喩するのも興味深い。さらに、真田幸隆・昌幸父子が仕えた武田家の滅亡理由についても、単純に長篠の合戦の惨敗に求めるのでなく、よりマクロな見方を示している。それは信玄の後を仕切った勝頼が戦略的思考に欠け、隣りの同盟国だった北条氏政さえ敵に回してしまい、ついには家臣団の一部からも見限られて兵力が激減したことが致命傷に近かったのではないか、という説を提示するが、成程と頷けるものばかりである。

ところで、何故に騎馬武者たちには、足の速い足軽が槍を持って従ったのだろうか。そして、何故に彼らは敵が迫ったところでこれを受け取って勝負に出たのだろうか。中村氏の解説は、信玄に対峙した村上義清のケースについて語ったものであるが、まことに明解かつ説得力に富んでいる。敵と交錯する直前まで槍を持たずに馬を駆ったのは、馬の頭部と槍穂の位置を考えればよいというのだ。

騎馬武者が槍を右脇にかいこみ、左手一本に手綱をまとめて疾駆する場合、乗り手のかいこむ槍の穂先は馬の右目近くにくる。馬はその先が気になって左へ左へと斜行してしまうだけでなく、右目を槍の刃で切られて片目になってしまうことも珍しくない。中村氏は、こうした点をとらえて、武田や真田の宿敵たる村上義清が細部にまで気を遣える大将だと結論づけるのだ。軍隊は中世であれ、現代であれ、根本において同じ動きをする組織集団であることを改めて教えてくれる。氏は、本当に、歴史の考証力や洞察力にすぐれた作家だといえよう。

最近、テレビ・ドラマでも流行の警察物としては、横山秀夫『64（ロクヨン）』（文藝春秋）が一挙に読めた。主人公は、D県警広報官の警視三上義信という中年男であるが、本当の狙いは警察機構の抱える独特な組織体質や階級関係の陰翳を通して、現代の日本社会の或る断面を描く点にあるのだろう。三上は、自分の娘の家出失踪をかかえながら、時効も近づく事件の見直しにかかわる。その事案は、昭和六四年一月に起きた「翔子ちゃん誘拐殺人事件」である。小説の「64（ロクヨン）」とは、事件の発生年を呼ぶ警察内部の符牒にほかならない。

三上が日常相手にするのは、県警詰めの記者たちである。交通事故の加害者の名前を匿名にしたのは何故か、というあたりから広報官と衝突する模様も読みごたえがある。読売・朝日や共同・時事・NHKなどの実在するメディアに加えて、架空の新聞社などのキャップも登場させ、ストーリーに迫力をもたせる。また、かれらの抗議を県警本部長宛に出させまいとする動きや、キャリア上がりの警務部長赤間の組織防衛と出世意欲がないまぜになった権力エゴイズムなど、導入部からスピード性のある展開が続く。そこに、高校時代に剣道部の控えだった同期の二渡が警視として出世して、階級社会のなかで三上を追い越すアヤなど、ミステリーの脇筋と思われるものが本筋と結びつけていく手際も見事である。

同じ警察物でも、佐々木譲『回廊封鎖』（集英社）は、六本木のコンプレックスビルで開催される国際映画祭と絡めながら、紅鶴なる悪質消費者金融会社の被害者たちの復讐犯罪を取り上げる。こちらは非番の刑事たちが独特なカン働きで多重債務を抱えて個人破産にまで追い込まれた犯人たちを追い詰める犯罪小説である。小さな清掃会社を起こした重原という男を中心に多重債務者たちが静かに復讐を成し遂げる雰囲気がまるで一般市民の日常を描くようであり〝さりげない不気味さ〟といった風情もある。大仕掛けな復讐劇は六本木ヒルズとおぼしき場所を中心に展開されるが、狙われるのは紅鶴の創業者の息子であり、香港で事業を展開している男だ。この男が何故に国際映画祭と関係するのか、それは読者の楽しみにとっておこう。悪質な大手消費者金融が自主解散した後、追徴課税をされながら、裁判所がそれを違法として、国に利息まで含めて二千億円ものカネの還付を命じたといえば、実在した企業と事件を想い起こす人も多いだろう。しかも、脱税の本拠が香港だったというのも共通する。巨悪を追及する警察であってほしいという市民の願いは、私的制裁を許さない法の精神と重ならないことも教えてくれる小説である。

第二次大戦を食糧から分析

リジー・コリンガム『戦争と飢餓』（宇丹貴代実・黒輪篤嗣訳、河出書房新社）

「餓島」という言葉を知らない日本人も多くなった。ソロモン諸島のガダルカナル島が「餓島」と呼ばれたのは、第二次大戦中の米軍との攻防戦で日本軍の餓死者が悲惨にも一万五〇〇〇人に上ったからだ。戦死者は五〇〇〇人である。いかに日本軍の作戦が兵站を無視していたかが分かるだろう。しかし、この種の問題は日本だけでなかった。大戦中に世界の軍人の戦死者は一九五〇万であったのに、飢餓や栄養失調で死を迎えた人びとは二〇〇〇万にも達した。ドイツもソ連も深刻な食糧事情の悪化に苦しんだのだ。この書物は、食糧の問題が戦争の中心的な役割を占めたことを明らかにした。

飢餓による死はドラマに欠けるという者もいる。それはゆるやかに人びとの気力を奪う静かな過程だからである。とはいえ、飢餓による死がひどく悲惨であることに変わりがない。ことに戦場で餓死するか、収容所で栄養失調のために死ぬ惨事と並んで、銃後の国民や占領地の農民が餓えて死亡するのは歴史の不条理にほかならない。著者によれば、ナチス政権の農業政策こそ戦時中の残虐行為の根本原因だというのだ。ウクライナはじめ東欧に農業帝国をつくってドイツ人の食糧事情を豊かにするには、どうしてもユダヤ人などを餓死に追い込んで人減らしをする必要があった。その先にはホロコーストが待ち構えていた。ソ連の強制収容所や日本の捕虜収容所でも相当数が飢餓と栄養失調で命を落とした。

人間の活動に必要なカロリーが一定である限り、戦争経済の全部門は食糧部門に依存せざるをえない。食糧供給に失敗すれば、軍隊ばかりか軍需産業にも市民の士気にも影響が出る。食糧は戦争経済ひいては戦争の行方を左右する重要な要因だという著者の指摘は正しい。なかでも、ソ連と日本は兵士や市民を消耗品と見なす傾向が強く、両国の兵士と市民は窮乏状態に耐える高い能力をもっていた。それにしても、前線部隊への食糧供給に無頓着だった日本軍の兵站思想は異常であろう。一七四万の大戦戦死者のうち六〇パーセントが戦闘でなく飢餓で死亡した勇者だったからだ。そもそも戦艦の建造にこだわるあまり、輸送路を守る潜水艦や駆逐艦を増強せず、非武装の商船隊によって南洋への物資補給を図った無謀さには呆れるほかない。一九四三年以降は東南アジアから米を輸入できず、しかも徴発した穀物や食糧は地元民の口に入らず、各地に飢餓や栄養失調をもたらしたからだ。銃後の日本人の口にも入らず、中国大陸や東南アジアの人びとのエネルギー源も奪ったとすれば、それは、目指した「新秩序」どころか「新無秩序」でしかなく、「共栄圏」ならぬ「共貧圏」だったというマラヤの教師の言が痛みをもって甦るのである。

日本の占領下にある華中が食糧危機に苦しみながら満州に小麦を送り続け、満州は日本に記録的な量の大豆を供給した。上海では米の値段が二四〇倍にも高騰し現地の人びとを深刻な食糧難に追いやった。日本陸軍には糧を敵に求めるという考えがあった。マレー作戦時に偶然から英軍の豊富な備蓄食糧を得て「チャーチル給与」と俗称した成功体験から、ますます兵站を無視するようになった。その極めつきがビルマのインパール作戦の悲劇である。ところで著者が日米開戦以前の日本軍を、米軍と比べても「世界で指折りの食事の豊かな軍隊」だったとしているのは驚くほどだ。倹約思想や兵士の克己心などは、世界でも屈指だったと評価する。日本で救いなのは、食糧不足をまがりなりにも上は天皇から下は一般国民や兵士が耐え忍んだことだろう。これに比べて、ソ連のスターリンら社会主義エリートたちが餓死や戦死者の相次ぐ苦境を尻目に、キャビアやウォトカなどで毎日を贅沢に過ごす偽善の光景描写も忘れていない。

今度もいい本

梯久美子『百年の手紙　日本人が遺したことば』（岩波新書）

知り合いの編集者が「梯さんはいい本書きますね」と語ったことがある。反権力、愛国心、戦争といったテーマから、女性、夫婦、親子、死者の人間関係にまつわる印象的な手紙を、心に残る一文とともに紹介した本である。

あのミッドウェー海戦の勇者、山口多聞提督が一四歳年下の妻孝子に宛てた「私の好きで好きで心配で心配でたまらない人」という手紙には、ユーモアも含まれている。妻のことを「私の眼には、どうしても弱そうに見えてならないのです」と言いながら、先妻の子五人の前では微塵も甘い雰囲気を見せなかったというのだ。戦死の直前に、孝子を「心中のオアシス」や「天使」と呼んで愛を確認した山口は、いかなる心境で南溟の果てに散っていったのだろうか。

マッキンリー単独登頂を果たした植村直己は、妻公子あてに、自分を「バカな人間」「悪人」と卑下しながら、「一生を棒にふってしまったとあきらめて下さい」と爽やかな手紙を書いている。

他方、谷川徹三夫人の多喜子は、夫の心がどうも他の女性に移ったことを知りつつも夫を愛し続け、「こんなに年をとっても、二十代の娘のやうにあなたを恋ふることの出来たこと」を喜ぶ切々たる文をしたためた。

悲しい手紙もたくさんある。明治四三年に夏目漱石が名文と激賞した佐久間勉潜水艇長の文章もそうだ。「部下ノ遺族ヲシテ　窮スルモノ無カラシメ給ハラン事ヲ　我ガ念頭ニ懸ルモノ之レアルノミ」。自責の念と責任感がひしひしと伝わってくる。

人間魚雷「回天」乗り組みの慶應義塾大学出身の士官、塚本太郎は遺書で「御両親の幸福の条件の中から太郎を早く除て下さい」と書いた。死を前にいちばん辛いはずの若者が自分の不幸を嘆かずに、両親の幸福をまず考えているのだ。一〇歳離れた弟にあてた手紙も涙を誘う。「兄貴ガツイテキルゾ頑張レ　親孝行ヲタノム」。梯さんは今度もいい本を書いたものだ。

「政教一致」こそトルコの特徴

新井政美編著『イスラムと近代化』（講談社メチエ）

トルコ人のノーベル賞作家オルハン・パムクは、東西の架け橋、東洋対西洋といった枠組みでトルコを論じながら、欧米人が安心して読める小説を書いた。こう語る著者たちは、パムクの構図では近代以前にアジアの国々が西洋を凌駕する富と繁栄をもたらした事実が無視されると指摘する。また、世俗化や世俗主義と呼ばれる概念も、カトリックの枠組みから生まれたにもかかわらず、トルコでは政教分離という世俗化の柱こそ長く近代化の大事な要素と考えられてきた。しかし、政教分離の意味を宗教的動機や目的で政策を決めてはならない規範だと解釈するなら、二〇世紀初頭のオスマン帝国では宗教知識人（ウラマー）も改革政治を担ったことをどう考えるのか。むしろ、近代的学校で教育を受けた「世俗的」な人物こそイスラーム的改革にこだわったのではないか。つまり、「宗教的反動」や「狂信者」と指弾される世俗的知識人も多いと、著者らは強調するのだ。

著者たちは、ケマル・アタテュルクの共和国が宗教の私事化をはかる一面、それを進めた主体は個人でなく国家だったために、信仰の自由や保障が十分に実践されない逆説を生んだとする。国家が政教分離を進めたように見えて、実は宗教を国家の統制下に置いた点で、「政教一致」こそ世俗主義共和国トルコの特徴だと強調するのだ。一見すれば大胆な主張にも見えるが、実証的な根拠も添えられている。いずれにせよ、共和国をつくったアタテュルクは自分をヨーロッパ人であっても、アジア人とは認識しなかった人物である。トルコ民族はヨーロッパと一体であり、イスラームはアジア的な前近代性の最たる属性だったからだ。或る思想家の表現を借りれば、トルコ人の国土は「自由と進歩とを愛する東方のアメリカ」なのである。

本書の一般読者には、トルコが随分と無理を重ねている国であり、トルコ人も相当に背伸びをしている国民という印象を受ける人も多いはずだ。それは、著者らの想定内の反応だろう。しかし、何故に近代西欧が産業化に成功し、中東が大きく後れをとり、近代化挫折の後遺症を未だに引きずるのかと疑問を抱く読者も多いだろう。しかし、真面目な著者たちもこの問いに野心的に挑戦していない点は残念である。

イスラエル情報機関の愛国心と使命感

マイケル・バー゠ゾウハー／ニシム・ミシャル『モサド・ファイル――イスラエル最強スパイ列伝』（上野元美訳、早川書房）

モサドの実体を知らない人でも、その名を一度は聞いた人が多いだろう。イスラエルの対外情報機関モサドは、建国以来、周辺アラブ諸国で恐ろしいほど孤独な環境で情報を収集し、破壊工作を仕掛けてきた諜報活動で知られている。本書は、単純な英雄の物語ではない。むしろ、当事者の心に潜む愛国心や使命感の強さに焦点を当てたノンフィクションである。とくに軍事や情報を教養と知識の分野から欠落させている日本人には、日本版国家安全保障会議（NSC）の重要性やスパイ排除の重要性を認識する上でも、国際関係における情報戦の厳しさを理解する手がかりになるだろう。

モサドは、国の安全保障を脅かすと判断した外国の核実験施設や開発要員を除去することをためらわない。最近では、イランに対して二〇一一年を中心に仕掛けられた核科学者たちの一連の暗殺事件がモサドの仕業として詳しく描かれている。これを指導したのは、八年半にわたってモサド長官に君臨したダガンである。ダガンは、パキスタン核開発の父、〝死神博士〟のカーンからイランが遠心分離機や専門技術を購入したことをつきとめ、破壊工作を仕掛けた。なかでも、二〇一〇年夏にイランのコンピューター数千台がスタックスネットというウィルスに感染して作動を停止した事件の背後にはモサドがある。二〇一一年初頭、イランの遠心分離機の約半数が作動不能になったのである。ダガンの工作でイランの核兵器開発は、二〇一五年まで延びたという。

モサドの工作が剣呑だという人も、イランやシリアの核開発が北朝鮮の技術協力で進んだことを知ると、日本人特有の綺麗事だけでは済まされなくなる。二〇〇七年九月にイスラエル空軍が破壊したデイル・アル・ズールの原子炉は、寧辺《ニョンビョン》の施設とそっくりだったのだ。双方の燃料棒の配置の仕方はもとより、入手したビデオ映像にはご丁寧にも北朝鮮の技術者の顔まで映っていた。北朝鮮はシリアに原子炉を建設し、イランが資金を援助するというわけだ。製図からプルトニウムの生産まで、全計画の費用は二〇億ドルと見積もられたというから、豪気な話である。これでは豊かな産油国イランの市民がいつまでも貧しく、ガソリンさえ輸入に頼るのも無理からぬことだ。

しかし、モサドにも当然多くの失敗がある。本書は、その挫折例や諜報員の逮捕なども公平にとりあげ、単純なモサド伝説を強化するものではない。むしろ、シビリアン・コントロール下で軍とともに、歴代首相にしっかり統制される官僚機構モサドの弱々しい一面も指摘される。アサド体制のシリアやサッダーム・フセイン統治のイラクなど、恐怖の国で働いたモサド諜報員の人間ドラマは、もはや〝文学を越えた文学の世界〟ともなっている。

企業が斜陽にいたる道筋

立石泰則『パナソニック・ショック』（文藝春秋）

松下幸之助は偉大な経営者であったが、どの偉人も免れなかったように、死後の会社と人事の行方を見通すことができなかった。ソニー凋落の病理を解析した著者は、パナソニックが斜陽に至った原因の一端を幸之助その人にも求める。それは婿の正治を経営者として育てることに失敗した点である。従業員は幸之助が会社にいる限り、伺いを正治に立てることはない。正治は決して凡庸の器でなかったが、幸之助の厳しい要求水準を満たしたとはいえない。しかし、二人が妥協の産物として選んだ山下俊彦が松下中興の祖となるのだから、歴史と人間のドラマは計り知れない皮肉をはらむのだ。

著者は、山下が選んだ谷井昭雄を高く評価する。もし山下と谷井が理想とした総合エレクトロニクス・メーカーを目指し、松下家と企業としての「松下電器」の関係を見直せていたなら、技術即経営という松下の伝統と強みを生かせたに違いない。しかし不幸なのは、幸之助も解決できなかった創業家と会社との関係の在り方に潜んでいた。正治は谷井をライヴァルと見なし、その合理的な判断や提言に耳を傾けなかったのである。

谷井の後を継いだ社長たちの無残さは目を覆うほどだ。創業家への遠慮だけならともかく、経営合理化を研究開発体制のコストカットや人員整理から始めた愚かさは例えようもない失敗だと、著者は手厳しい。市場の需要を無視してプラズマテレビにこだわり、韓国企業に後れをとった経営者は、パナソニックを誇りに思う日本の国民に対しても、責任をとってもらいたいものだ。しかし、そうした真っ当な感覚をもたない経営者が続いたあたりにパナソニックの病弊がある。人事を一度間違えれば怖いことを、ソニーの失敗とともに教えてくれる。いまの大坪文雄社長は工学部出身で合理的判断ができる人らしく、著者も期待をもっているようだ。ソニーと並ぶ日本人の誇りと輝きだったパナソニックの蘇生を願うエールの書物にもなっている。

企業人にも役人にも学者にも読んでほしい

高野秀行『謎の独立国家ソマリランド』（本の雑誌社）

こんな面白い本を最近読んだことはない。私も、ソマリ人の祖国がソマリランドやソマリアだということを知ってもいたし、ソマリアが「破綻国家」だという認識も当然あった。しかし、実際にアフリカの東端に住むソマリ人の国を訪れたことはない。三十五年もむかしにセム語学の専門家がソマリアの首都モガディショを中心に調査をおこない、『ソマリ語語彙集（I）』という研究報告を出したことがある。なぜか私もその本を貰った。当時でも、スーダンやイエーメンに近い言葉や風俗の国くらいの印象しかもっていなかった。しかし、さすが探検部出身の著者である。好奇心や冒険心がみなぎる本書を読んで感心させられた。というよりも、どぎもを抜かれたのである。著者はどうやら危険や恐怖を感じないたちらしい。これは、著者が大変なユーモアと度胸と義侠心の持ち主だからだろう。

日本人で誰も行ったことのない国や土地を探訪したいという気持ちが冒険家として先に立つ。そういえば、大ソマリ国家があったが、いまは分裂しているはずだ、じゃあ見に行くか、くらいの判断で著者は旅立つようだ。出かけるといっても直行便などあるはずもないから、エチオピアにまず向かい、そこで入国の機会をうかがうという試行錯誤の連続なのだ。ソマリランドに入ってしまえば、実は治安もよく、金持ちと思われる日本人にカート（一種の麻薬）代をたかる、金の貸し借りを誤魔化すくらいだが、ささやかな悪さといえば悪さもするソマリ人を好きなる。とにかく、氏族の系譜や記憶がしっかりしているから、誰かに何かを頼めばその筋できちんとやってくれる。大統領や大臣めいた名士とも会えるし、厄介な物事も解決を融通してもらえる。とはいっても、ソマリア名物の海賊もいるし、かれらが収監された刑務所も訪れ、海賊から解放されたドイツ人夫妻と会ってインタビューも試みている。

著者は旧ソマリアを「三国志」状態になぞらえる。聞いたことのないプントランドという「国」をソマリランドや南部ソマリアの中間におきながら日本史のアナロジーで説明する語り口が、一応歴史学者として私が笑いたくなるくらいに凄い比較なのだ。簡単にいえば、プントランドが平氏、ソマリランドが奥州藤原氏、南部ソマリアが源氏のようなものというのだ。この説明はあまりにもおかしいが、日本人にはわかりやすい。なぜそうなのかは、口角泡を飛ばすかのように議論されるソマリア日本史を直接お読みいただくことをお勧めする。私のような中東屋なら、ソマリ人は自分たちをクルド人の分裂と同じだと考えている、というあたりを導きの糸にして説明するところだが、これでは日本人の読者はソマリ人の面白さを理解できないだろう。このあたりが芸のない学者と自由奔放なジャーナリストとの違いなのだろう。

物騒な町モガディショにもホーン・ケーブルTVという闘志のあるテレビの支局がある。驚くのは、支局長がハムディという女性であり、イスラーム世界で顔をむきだしに飛び回っているから、原理主義者なら誰でもこの有名人を知っていることだ。テロにいつ遭うか分かったものではない。彼女だけでなくソマリ人のために何かしたいと考える著者は、現地から頼まれれば金券ショップ「大黒屋」から現地に送金もする。大黒屋は何故かソマリアの銀行にも金を送ってくれるらしい。ハムディを日本に呼んで番組をつくらせ、ソマリ人の世界で有名になりたいという自分の下心を最後に語るのも笑える話だ。

しかし、高野氏はソマリ人世界でいちばん有名な日本人の一人であろう。ソマリランドはミャンマーやタイより安全なので、日本政府が「安全な場所」と認めれば、技術や開発の援助も寄せられソマリ人も潤う。日本には、「平和になり、治安もよくなれば、カネが落ちる」と利害に敏感なソマリ人が考え直す手伝いをしてほしい、と著者は考えるようだ。海賊とテロのソマリ人という皮相な観察が一掃される労作である。企業人にも役人にも学者にも読んでほしい本である。

時代の指揮官たちの心中を察する二冊

首相を務めた人物で細川護熙氏のように詩と書と画を「心の友」と呼ぶ人は稀であろう。政治家を辞めた後、細川氏は自分でも詩文を書き、絵を描くことに人生の楽しみを見出している。氏は、「詩書画一体」という詩心《うたごころ》の旅を、日本国内だけでなく中国でも続けている。その旅とは、「人間と自然が織りなす歴史の時間を確認する旅」だというのだ。紀元前から近代に至る漢詩文と作者の郷里や縁《ゆかり》の地を訪ねた旅の物語をまとめたものが本書『中国　詩心を旅する』（文藝春秋）にほかならない。四十八の旅の物語はどれも興味深いものだ。なかでも、歴史を訪ねる旅に出たい人の関心は、唐の治政を中断した則天武后の時代の陳子昂の「幽州の台に登る歌」かもしれない。

前不見古人　　前に古人を見ず
後不見来者　　後に来者を見ず
念天地之悠悠　　天地の悠悠たるを念《おも》い
独愴然而涕下　　独り愴然として涕下る

細川氏は、これを次のように解釈する。

過去を振り返っても昔の人に会えるわけではない。未来を望んでもこれから先の人にまみえることはできない。ひとり悠然と遥かな天地を思うとき、悲しみに胸が痛んで涙が溢れてくる――。

契丹との戦いに従事して功労があったにもかかわらず、辞職して郷里の四川に戻ることになった。しかし、父の不測の死に続き、県令の奸計に陥った陳子昂は、自らの運命を占って息絶えたという。細川氏は、簡潔で気骨に満ちた風格をもつ子昂の詩に、その生と死を重ねると、「独り愴然として涕を流す子昂の胸中が身にしみると指摘する。しかし、私に限らず、政治の世界の不条理や挫折を経験した文人宰相の姿も合わせて思い浮かべる人も多いかもしれない。

新しいところでは、清末の政治家曽国藩の故郷に近い湖南省衡陽市を訪れて、曽の戒めを紹介する文章も印象に残る。

一、即起《そっき》
二、不霑恋《ふてんれん》
三、夜、不出門

朝、目が覚めたら直ちに起き出し、寝床でぐずぐずしてはならない、というのだ。また、夜の巷に遊ぶことなく、家中で自らを深めることに励んでその日を終わるべきだとは、かつて日本政治の舵取りをした細川氏がひそかに自分の戒めにしていた言葉でもあろうか。

細川氏の漢詩に託した文章にはモラリストのような響きも感じられる。そして折から出されたモンテーニュの『エセー』（白水社）の最新訳第五巻を読むと、改めてモンテーニュが詩文や書物を愛した事実を感じざるをえない。「ユリウス・カエサルの戦い方について考える」という文章は、その題名とは裏腹に、書物を愛した政治家の逸事の紹介から始まる。多くの支配者は、戦いにあっても、特別に敬意を抱く書物を携えていたといわれる。

アレクサンドロス大王はホメロス、スキピオ・アフリカヌスはクセノポン、マルクス・ブルートゥスはポリュビオスをといった具合にである。モンテーニュも、多くの武人にとってカエサルを座右の書とすべきことに疑いはないと考えた。カエサルの文章は、純粋かつ繊細で完璧な語り口をもっており、軍事の分野では他に比肩しうる者がいない。よほどにモンテーニュはカエサルを好きだったのだろう。

モンテーニュは、カエサルが敵の数を兵士たちが予想していた数よりも多く水増しをしたことがあったという。その理由は、兵士が実際には強かったというよりも、実際には予想よりも弱かったという時のほうが影響の少ないものだからである。

カエサルが時間の使い方に巧みだったのは、モンテーニュだけでなく、歴史を専門とする私にも驚嘆させられる。「好機を的確にとらえる知恵と、スピードこそ、指揮官たる者の最高の資格である」と繰り返し述べている。彼の戦闘におけるスピードこそ、前代未聞の信じがたいものであった。

モンテーニュは、カエサルの弁舌の才をあたかも同時代人でもあるかのように高く評価する。軍隊のなかでも、当時から彼の演説を書きとどめていた者が随分いたらしい。カエサルが力よりも、頭脳によって獲得された勝利を好むと語ったのは当然なのである。モンテーニュがアレクサンドロス大王とカエサルを比較するくだりも興味深い。アレクサンドロスは血気にはやりやすく、短気で怒りやすい気質である上に、酒の力でわざわざ危険を求めるような傾向があった。ところが、カエサルが戦争を始めたのは、すでに成熟して年齢をだいぶ重ねてからであり、しかも酒をほとんど断っていたのだ。

しかしカエサルは必要とあれば惜しげもなく自分の命を危険にさらした。海も港もポンペイウス軍に封鎖されているのに、孤立した自軍を救出したのはモンテーニュを感動させる逸事にほかならない。モンテーニュは、「偉大な軍事行動とは、実行すべきものであって、議論すべきものではない」というカエサルの言葉を引いている。カエサルは年齢とともに戦いを急がずに慎重になっていった、とモンテーニュが語るとき、それは老境に達した自らの心中を言い表すものだったのかもしれない。

本物の経済人を知る喜び

馬場隆明『縁——人の輪が仕事を大きくする』(KKベストブック)

がん保険のアフラックを知らない人は少ないだろう。創業時にわずか一〇人たらずの社員でスタートしたこの会社は、いま日本でいちばん成功した企業の一つである。ここまで育てあげた創業者の大竹美喜氏が「立志伝中の経営者」であることは間違いない。

しかし著者は、氏が企業人として優秀なことに加えて、人柄と識見が群を抜いて素晴らしいことを教えてくれる。がんについては告知しないのが普通の時代に、既得権の維持に汲々とする生保業界の反対をものともせず、政治家や役人から支持を取り付けたのは、氏の人間的魅力があったからだ。一流の役人OBや経営者たちが異口同音に語るのは、氏が他人の思いに共感する力が強く、話していると時を忘れてすがすがしい気持ちにさせてくれる人だという点である。

広島の山間部に生まれて苦学した氏は、いわゆるエリート・コースを歩んだ人ではない。しかし、アメリカへの渡航から政治家の下での秘書修業まで実に多くの職業を経験した。苦労人には違いないにせよ、堂々たる愛国者であり知識人でもあるのだ。ロシア史でいう「インテリゲンツィア」とは、日本でいえば氏のような人を指すのかもしれない。

誰かに人を紹介する時や紹介を頼まれた時には、わざわざ出かけて同席する。それでいて少しも恩着せがましくないのである。自然に人の喜びや悲しみを自分のものにできる氏の個性がよく描かれている書物なのだ。きっと著者もどこかで氏の大ファンになったのだろう。

日米経済摩擦の緩和から日米・日中の文化交流に至るまで、氏は国のためにも随分働いている。私塾をつくるほどの教育への情熱は、安倍政権での教育再生実行会議の委員としても生かされており、まぶしいほど欠点のない人なのである。大企業の舵取りに失敗したり私心も多い経営者がいる昨今、読者を元気づけてくれる本物の経済人を知る喜びは大きい。

なぜ妻から「離縁状」を突きつけられたのか

松田賢弥『小沢一郎　淋しき家族の肖像』（文藝春秋）

息子の門出を誇らしげに見つめる幸福そうな夫婦の写真である。江田島の海上自衛隊幹部候補生学校の卒業式に出席した小沢一郎氏と和子夫人は、その後に二人を見舞う運命の転変を知っていたのだろうか。

カバーの写真を静かに眺めていると、二人の満足感とともに疲労感も心なしか伝わってくる。

小沢氏は息子を自衛隊に入れた数少ない保守政治家であり、若手の時には「ボソボソッとしか話さないで、あとはムッツリしているんだが、やることはちゃあんとやってくる」と評価された人物である。和子さんのほうは、選挙区で塩や味噌、醤油から鉛筆一本と帳面一冊まで後援会の商店で買うことを義母から学んだ。早朝五時に起きて三陸沿岸を回り、地盤を支えてきた議員夫人の鑑《かがみ》のような女性なのだ。本書は、政治家なら誰でも分かる選挙のむずかしさ、有権者との付き合い方を地道に会得しながら、夫の留守を支えた聡明な女性の心が夫から離れた謎を解き明かす。そこには、小沢氏の隠された女性や子どもの存在が影を落としている。公私ともに人びとの関心を集める政治家は本当につらい職業といえよう。

地方で育った小沢氏は盤石の支持基盤を全国のどの議員よりも獲得しながら、何故に旧選挙区三陸の震災で被害を受けた人びとや仮設住宅の弔問や慰問に長いこと訪れなかったのだろうか。

著者は、ゼネコンに依拠した選挙戦に切り換えてから、父母以来の地元後援会中心の選挙を軽視しがちになった点に謎を解くカギを求める。政治家になるなら高校までは地元で、という助言を振り切って東京に出た小沢氏には、どこかデラシネ（根無し草）のような部分があり、それが他人を信用しない政治家になった遠因だというのだ。

二大政党政治樹立の目標を掲げて政権交代に成功しながら、被災地の復興・復旧などの具体的政治よりも政局中心の政治に走った小沢氏の実像と内面に迫った本である。

情報大国のスパイらの教養と知性

キース・ジェフリー『MI6秘録――イギリス秘密情報部1909-1949』(高山祥子訳、筑摩書房)

一九〇六年にイギリス外務省のある役人は、大英帝国を「痛風の巨人」と呼んだことがある。手足の指を世界中に広げており、それらを引き寄せようとすれば悲鳴を上げてしまうというのだ。イギリスは、拡大しすぎた帝国の局所に情報網をはりめぐらして危機を未然に防止しようとした。これがマンスフィールド・カミング中佐のつくった情報部ののちの秘密情報部(SIS)の濫觴である。時にMI6と呼ばれた情報部は、第一次世界大戦とボリシェヴィキ革命への緊急対応のためにつくられ、着実に発展した。

もちろん、ドイツとそれに寝返った感のある革命ロシアは、英国最大の敵であったが、思わぬ人間をスパイに使うあたりが英国らしい。作家のサマセット・モームは、短編集『アシェンデン』でも自認するように、SISの諜報員であった。彼は米国から日本を経てウラジオストークでロシアに入り、一九一七年九月に首都ペテログラードに到着した。モームは、臨時政府首班のケレンスキーから政権はもう続かないと告白され、これをロイド゠ジョージ首相に伝えるように依頼された。一〇月革命後にモームは、「ロシア国内の自決力のあるグループ」に秘密の補助金を払うべきだと報告していた。提言は白軍の将軍や提督への援助として実現する。情報部は、トルコに参戦させないために指導者の買収を計り、ギリシアでは参戦させるために国王の退位を工作する。アテネで情報収集にあたったマッケンジーも作家であり、報告書を無韻詩で書いてカミングを喜ばせたというから、情報大国のスパイらの教養と知性にも驚くほかない。

ＳＩＳは、一九四一年一二月の日米英開戦の時期と兵力規模についても相当に角度の高い情報をつかんでいた。しかしＳＩＳがどれほど日本軍の南方作戦について精度の高い情報を得ようとも、その地域に十分な軍事力や適切な部隊展開能力がなければ生かしようもなかった。また、大量の情報を上げても、モンスーンのために三月までは攻撃が不可能だという、タイからの来訪者の発言に影響されて無視されてしまった。攻撃される場所はマレー半島とシンガポールなのに、何故にタイの知識が重視されたのか。ＳＩＳでも後に素材の処理に問題があったことが反省される。各種の重要情報の照合システムがなく、職員が頻繁に変わるために整理された情報はすぐ忘れられる。また、予想される考えや前もってあった推論と一致する情報は過大評価され、予想と一致しない情報は価値を減じられ、貴重な情報は失われてしまったというのだ。このあたりは、日本の陸海軍の情報軽視や主観的処理とも共通する点があり興味が尽きない。著者は、イギリスが屈指の民主主義国家として二つの世界大戦と多くの危機を生き抜いた力の源泉として、情報の重視つまりＳＩＳの活躍があった事実を強調する。この指摘に共感しつつ、今でも情報の意義を過小評価する我が身を反省する日本人も多いだろう。

公務員の誉のような人物

遠山敦子『来し方の記』（かまくら春秋社）

人間が役人という職業に就いていたというだけで、政治の流れと結びつくと信じられないことが起きる。民主党の鳩山氏や菅氏が政権をとっている時期の官僚バッシングはひどいものだった。自分が使うべき頭脳や手足を自ら切り捨てるのだから、政治が巧くいくはずはない。しかも、役人ＯＢあるいはＯＧだという理由で、その人の見識や能力や国民への奉仕意識と無関係に批判されるのでは、若い優秀な学生が職業としての官僚を敬遠したくなるのも無理がない。この二人は現在の悪しき風潮をつくった責任者である。

成長と青春の時代に始まり、生涯の仕事と定めた教育文化への思いに至るまで、切々と内面にも触れた本書を読むと、実証も取材もなしに役人に偏見をもつ恐ろしさを教えてくれる。ダメな人間はどの世界にもいる。良い人材もいるのに学者やジャーナリストだという理由だけで嫌われる不条理と同じである。手続きに瑕疵もなかった新国立劇場の演劇部門の監督人事を政治の一時的な熱狂で否定しようとした事件があったらしく、読後暗澹たる気持ちにさせられた。しかし、著者が勇気と信念をもって事件を開示しなければ、世の人は知らないままだったかもしれない。

著者の遠山敦子氏は、まぶしいほど素直に育った人である。高校生のときにヘミングウェイを英語で読み、『源氏物語』を古文で読破したことが後年の教養の基礎をつくったようだ。御父上が日本平ロープウェイの設計と工法を担当されたことを、初めてこの本から知った。何事にもひたむきに正面から取り組む姿勢は、東京大学を卒業して文部省に入っても変わらない。著者の文部行政官としての仕事、とくに文化庁長官時代の成果だけでなく、トルコ大使や文部科学大臣としての業績を評価する人は多い。とくに、トルコ大使として大地震災害の救済支援や土日基金文化センターの設立に果たした仕事は、現在のトルコでも高く評価されている。しかも、常に草の根や地方の目を忘れないのは、中東研究者として学ぶべき点であろう。

こうして、誰にも公平かつ無私に接してきた公務員の誉のような人物が新国立劇場という新天地で出くわした事件の顛末については、第Ⅱ部の山崎正和氏の寄稿に詳しい。「演劇村」に属する人たちが、ある種の既得権を守るために一致団結して「最後の吹き上げ」をしたと、山崎氏は明快に説明するのだ。職業柄からも人柄からも自ら多くを語ることを潔しとしない遠山氏の内面を分析した説得的な文章である。

著者は、政府に関係するほぼ最後の公職で遭遇した不愉快な事件にもかかわらず、富士山を正面に仰ぎながら読書と思考を重ねて心を澄ませる日常を楽しんでいるようだ。ご主人の嘉一氏が「トルコ東京事務局」を自称しながら遠隔の大使を支えたことはよく知られている。この素晴らしい人格者の存在があって、氏のスキルとエレガンスが磨かれたこともよく分かる。とくに自慢や誇張のない半生記として、若い世代にぜひ読んでほしい瀟洒な書物である。

複雑きわまる戦時下中国の実像

広中一成『ニセチャイナ――満洲・蒙疆・冀東・臨時・維新・南京』（社会評論社）

タイトルを見たときは驚いたが、内容はいたって真面目な書物である。それどころか、書かれるべくして書かれてこなかったテーマについて、正面から取り組んだ労作である。ニセチャイナとは、一九三一年の満州事変以降、日本が中国大陸に進出するプロセスで成立した中国人ひいては満州人や蒙古人を首班とする現地の六傀儡政権のことである。

いちばん有名なのは、溥儀の満州国はじめ汪兆銘の中華民国国民政府や徳王の蒙古聯合自治政府である。他にも、満州国と華北の国民党政権との間に、緩衝地帯として成立した冀東《きとう》防共自治政府、日本が占領した北京に樹立された中華民国臨時政府（華北政務委員会）、それに南京占領後につくられた中華民国維新政府もあった。最近では傀儡政権の代わりに、対日協力政権という呼称も使われている。満州国や汪兆銘政権の国旗はともかく、蒙古聯合や上海市大道政府（中華民国維新政府の前身）の旗などは初めて見る人も多いのではないか。驚くのは、日本と協力した中国人リーダーが思いのほか多かったことである。まがりなりにも、防共や愛国心の衝動に駆られた政治家もいれば、河北省東部を支配した冀東政権の殷汝耕のように、日本製品を密輸入する特殊貿易（密貿易）で利を博する者もいた。

とくにひどいのはアヘンの専売である。もともとは、満州国のアヘン専売制度のように、アヘン中毒者の救済のためとされた。しかし、アヘン専売で多額の収入を得た満州国とは対照的に、冀東政権の場合、専売制度の不備と領内でのアヘン密輸の横行から、専売収入のほとんどがアヘン商人の手に渡り、政権はほとんど利益を上げられないという悲喜劇も生じた。また、国民政府の法幣に代わる新貨幣として、冀東銀行券も発行されたが、一部商工業者は信用がないとして使用を拒む有様であった。

対日協力者としていちばん有名なのは、やはり汪兆銘であろう。著者は、日本が彼と蔣介石を絶縁させる切り札として、未占領地における国民党政権の樹立、日本軍の占領地撤退の明示化を図る一方、重慶を脱出した汪兆銘の和平工作を難しくする方針をとり続けたと指摘する。しかも日本は、蒙疆や華北の政権の高度自治を認めるなど、汪兆銘の内政と和平工作を苦境に追い込む政策も追求していた。

それでも汪政権はアヘンの禁絶など、政府の財政基盤を失っても国民の健康と国家の矜持の回復を図る政策もとっている。また汪兆銘は、一九四三年に東京で開かれた大東亜会議でも、日本と渡り合って自らの正統性と主張を認めさせるなど、中華民国の「正統政権」としての地位を築き上げていったというのだ。

このように著者は、対日協力政権だからといって一方的に断罪する非歴史的手法をとるわけではない。むしろ、中国革命史と日中関係史の多様性や複雑性を虚心にとらえるために、学者たちが敬遠してきた微妙なテーマにあえて取り組んだのである。多くの珍しい写真とともに、各政権の国歌や軍歌も紹介されており、ユニークな中国現代史として広く読まれることを期待しておきたい。

高邁な目標と現実とのギャップ

野口武彦『幕末明治　不平士族ものがたり』（草思社）

どの時代でも、大きな変革の主人公たらんとした人物が運命のいたずらから卑小な犯罪者に転落する現象が起こる。この八つの短編の主人公たちは、いずれも自分の目指す高邁な目標と、現実にできる仕事の卑小さとのギャップに悩んだ者ばかりだ。ことに「国事犯の誕生」では、犯罪行為の対象が国家であり、それを転覆し破壊するという意味で通常の破廉恥犯と違う確信犯の不平不満のあり方がよく描かれている。しかし、国事だ維新だといっても、生身の人間がやることだ。普段の生活ぶりが素の人格と一緒に出るあたりが不平士族の面白いところなのだ。なかでも「酒乱の志士」はいちばん読ませる傑作である。

越後蒲原郡の勤王家だった長谷川鉄之進は、三条実美の側近になったあたりまでは人生も順調だったが、酒席で痛飲し「言葉の暴力」を人に浴びせ、しまいには怒号して刀を振り回すのが毎度という途方もない人物だった。肥前大村藩では泥酔して、小藩にすぎない大村の武士はみな女子供同然だと言い放つのだからたまらない。斬り合いになろうというすんでのところで、家僕の善助がいつものように出てきて鉄之進に殴打され喧嘩はうやむやになるという始末なのだ。京の芸妓を相手に大暴れするというのも大人げない。新政府で場所を得るはずもなく、失意のうちに死んでしまう。

「思案橋事件」は、どことなく憂いを含んだ名の橋のたもとで繰り広げられる大活劇の描写が見事である。会津藩士永岡久茂らの蹶起を阻止しようと巡査らが奮闘し、その一人が火の見櫓に上って半鐘を鳴らす。その音が耳元に聞こえてきそうな文章の迫力である。半鐘を邪魔しようと櫓に上る永岡の愛妾せんの必死さも凄い。とにかく江戸人は薩長が嫌いで、幕府会津贔屓だったことがよく伝わってくる。

「雲の梯子」は、吉田松陰と張り合った富永有隣を描いた佳品。松陰も朋輩或いは弟分扱いだから、山県有朋や伊藤博文などを洟垂れ小僧同然に見下すあたりが興をそそる。野山獄で松陰の隣にいた富永は、松陰の才に嫉妬しながら、自分の釈放に尽力する松陰の心を徳とする複雑な心性の持ち主なのだ。西南戦争に連座して下獄した富永は、世俗の栄達に興味がなかったらしい。「ワシはまだ、役人になるほど罪を作ってはおらぬワイ」という富永のセリフはひょっとして深いところで松陰の志にいちばん通じていたのかもしれない。

なぜ栄える国と貧しい国があるのか

ダロン・アセモグル／ジェイムズ・A・ロビンソン『国家はなぜ衰退するのか――権力・繁栄・貧困の起源』（鬼澤忍訳、早川書房）

大統領が監禁されたエジプトの国民の平均収入は、アメリカ人の平均の一二パーセントくらいで、予想される寿命は一〇年も短い。人口の二〇パーセントは極度の貧困にあえいでいる。モルシ大統領はこの現実になすすべもなく退場してしまった。この経済格差の理由は過去二〇〇年の間に生じたのだ。

本書は、何故に繁栄する国家と、貧しい破綻国家があるのかを簡潔な理論で説明しようとした。まず、政治と経済の収奪的制度と包括的制度を区別する。次いで、世界の或る地域で包括的制度が生まれ、他の地域で生まれないのは何故かを問うのである。

包括的制度とは、所有権を強化し、平等な機会を創出して、新たなテクノロジーとスキルへの投資を促す制度のことである。これは収奪的制度よりも経済成長につながりやすいのだ。もちろん、スターリンのソビエト国家のように、経済成長を遂げる収奪的制度もある。最低限の中央集権化を実現すればある程度の成長も可能になる。

サミュエルソンの経済学教科書は、ソ連がアメリカの国民所得を上回る可能性を改訂版のたびに繰り返していた。この予測は当たらなかった。それは、収奪的制度のもとでは成長が持続しないことを無視していたからである。どの国でも、持続的経済成長にはイノヴェーションが必要で、それは創造的破壊と切り離せない。理解のカギは歴史にあるというのだ。

ペルーが貧困にあえいでいるのは、地理や文化のせいでなく、制度のせいなのである。五〇〇年前に栄えたインカ帝国は、北米に点在した小さな政治組織体よりも高度な技術をもち、政治的中央集権化が進んでいた。それなのに貧しくなったのは、征服という決定的な岐路において重要な制度的発展がもたらした偶然の帰結による。

北米のミシシッピがいまのペルーのようになり、ペルーが現在の合衆国になり、日本のように植民地化に屈しなかった可能性もあるといった大胆な歴史理解は、すこぶる魅力にあふれている。

寡黙な吉村昭さんの沈黙

吉村昭『吉村昭が伝えたかったこと』（文春文庫）

吉村昭さんは、初対面の人間にはとっつきが良かったとは言えないのではないか。

吉村さんが或るエッセイで、また間違えられた、と含蓄をこめて書いていたことを今でも懐かしく思い出す。酒場や食堂に出かけて独酌していると、よく刑事に間違えられたという話だ。確かに、眼光鋭いというほどでないにせよ、目に力のある吉村さんが寡黙に盃を運ぶ様を見ていると、人生のすべてを見通す達人のような雰囲気を醸し出したことだろう。

見る者をやや狼狽させる鈍い光が目に浮かぶこともあったはずだ。ハンチングをかぶった吉村さんが、やや古ぼけたレインコートを着て縄のれんをくぐる光景を想像したくもなる。どこか『七人の刑事』の芦田伸介という風情もあるのではないか。

言われてみると、吉村さんには昔風の刑事を指す隠語、「旦那」という言葉がぴったりはまる貫禄もあった。もちろん大方の人には、氏の目元に恥じらいをこめた優しさと知性がひそんでいるので、「サツの旦那」と違うことはすぐ分かるはずだ。少し後ろめたいところのある飲み屋の亭主あたりが、自分のほうで勝手に「旦那」と決めこんだのだろう。このあたりの詳しい平仄《ひょうそく》について、機会があればあつかましくもお尋ねしたかったが、残念ながら果たせずに終った。

確かに吉村さんの会話には独特の間合いがあり、こちらの口数も多いほうではなかったと思う。何度か対談させていただいたこともあるが、興味深く感じたのはこちらから尋ねても、反応が鈍いか、まったく返事のないことも時々あったことだ。会話の間《ま》が悪く、沈黙の時間がすこし生じるのだ。最初は、私の言い方が気に障ったのだろうかと考えてみたこともあった。ケミストリー（相性）が悪いのだろうかと詮索もしてみたが、どうもそうではないらしい。すると、この長い間《ま》や沈黙は何かということになる。

これは、歴史の専門家にも共通する面のようだ。つまり、文書の史料や関係者の証言にこだわる吉村さんの厳格な気質と関連しているのではないか。いろいろと話題が上がってすぐ確答できないときに、つい寡黙になるか、沈黙する慎重な癖が氏にはあったのではないかと思っている。何か具体的な事実や事件を描写した根拠を聞くと、「史料にそう書いてあるからです」と、ニベもないほど答えは簡潔であった。

実証主義の歴史家も及ばぬほど禁欲的な受け答えが続くので、小説作家としては言葉に修飾がない部類に属するのだろう。作品だけでなく実生活でも無駄な口をきかない人だったのかもしれないが、私はこのあたりの事情をよく知らない。

そこで、こちらもいたずら心を発揮して、やや氏を挑発してみようと思ったことが一度ある。

「そういう禁欲さも結構ですが、それではイマジネーションを重視する作家は歴史家と同じになりませんか。文学を書く以上、どこか歴史家の書く歴史と違う点があるでしょう」

すると、吉村さんは莞爾《かんじ》として笑みを浮かべて、待ってましたとばかりに持論をポツリポツリと展開し始めたのである。それによれば、温度や湿度、太陽の日差しや日照の加減の描写などに文学者の着想が生かされ、ここにフィクションが入る余地があるのだと嬉しげに指摘されたのだった。

歴史家のこだわりなど所詮小さなものである。そこで、こちらも気になる二、三のことを聞くと、このときの吉村さんの答えぶりもすこぶる興味深いものだった。

たとえば、『生麦事件』の出だしには「江戸高輪にある薩摩藩下屋敷」という表現がある。久光の当時では高輪の藩邸は中屋敷であり、下屋敷は常磐松にあったのではないか、と。この種の疑問は瑣末にすぎない。しかし、話の接ぎ穂としては大事なことなのだ。こうした話題は、対談の本体が終って食事の時間に入って出たのかもしれない。

また、島津久光の行列の先払いが「下に、下にい」と声をあげたと書かれているが、薩摩の国許でこそ国父であれ、江戸では大名にあらず無位無官の島津三郎久光が警蹕《けいひつ》の声を先払いに出させたのだろうかという素朴な疑問なのだ。

幕末では江戸幕府の権威が落ち目だったとはいえ、幕藩体制の秩序感覚は江戸ではまだ完全に崩れていない。将軍や御三家や御三卿にしか許されない「下に、下にい」を島津三郎ごときが発したとすれば、私が作者ならこの不遜さを生麦事件の間接的な伏線にしたかもしれないほどの重要事ではないか。

しかし、そうした関心は吉村さんにはなかったようだ。たしか将軍の御成りなら「下に、下に、下に」とスタッカートのように短く警蹕が発せられ、御三家や御三卿なら「下にー、下にー、下にー」

と「下ーに、下ーに、下ーに」だったように記憶しているのだが……。

島津久光は「寄れ、寄れー」の〝寄れ大名〟でさえなく、藩主茂久の実父でしかないはずですが、久光は「下に、下にい」と発したのでしょうか？　と、さりげなく尋ねてみたのだが、吉村さんはニコニコしたまま答えてくれなかった。氏は、こうではないでしょうかといった解釈も示さなかったのが今でも記憶に残っている。

『生麦事件』のすこし前に出された作品『天狗争乱』に話題が及んだときにも似たような場面があった。水戸藩門閥派の国老・市川三左衛門の名乗りについての疑問なのだ。朝日新聞に連載中、氏は市川を市川弘美と諱《いみな》つまり実名で書いていたのに、小説になってからは通称の三左衛門という名乗りに統一したのは何故ですか、という単純な問いにすぎない。このときも氏は私の表情をうかがいながらも、ニコニコとして何も説明されなかった。

何か理由があったから変えたはずなのに、格別の説明もなかったのである。もちろん、幕末史では三左衛門として出てくるのが普通なのだ。それだけに、この有名人物を指すのに実名弘美を新聞連載であえて使った理由を知りたかったのだが、答えはなかった。小さなこと、瑣末なこだわりといってしまえば、それだけのことである。

私などは、歴史を勉強していると知らないことだらけであり、刊本であってもむずかしいイスラーム諸語の史料には読めない箇所がざらに出てくる。学生に聞かれても分からない、知らないと返事することが少なくない。全部分かっていればそもそも学問などは必要もなく、自分より優れた若い研究者を育てる必要なども ない。

ところが、対談だけの経験であるが私の記憶する限り、吉村氏は知らないという表現を使ったことがないか、滅多に使ったことがないように思えた。「史料に書いてあるからです」「史料に書いていないからです」という表現を多用したのが、歴史家からすればすこぶる興味をそそったことを告白しておかなくてはならない。

字体がむずかしい史料を判読できない場合もあるだろう。外国語の史料ではざらにあることだ。日本語史料でも意味が分からない場合はどうなのか。刊本と写本や手書きの文書の場合にはどうなるのだろうか。歴史学の世界に生きている者からすれば、「史料に書いてあるからです」「ないからです」という歴史学者の〝模範生〟のような小説家の説明に物足りなさを感じたのは事実である。

むしろ私の希望をいえば、史料に書いていない不明瞭な部分を文字がどのようにブレークスルーしていくのかを、吉村さんにはもっと長生きして示してほしかったのだ。そして、大佛次郎の『天皇の世紀』や子母澤寛の『勝海舟』のような大長編をこえる作品をぜひ出してほしかったのである。そのうえで吉村さんとは、いずれ史料学や史学概論の根本に関わる議論もしてみたかったというのが私の果たせぬ夢だったのだ。

当時は私もまだ若かったから、人からきちんと話を聞きだす力や余裕がなかったのかもしれない。華甲を越えた今なら、談論風発とまではいかずとも、寡黙な吉村さんともっと沈黙の間《ま》を静かに楽しめるのかもしれず、氏の早すぎた死がまことに惜しまれてならない。

幕末水戸藩を精緻に描く

朝井まかて『恋歌《れんか》』(講談社)

二段重ねの構成をもつ直木賞受賞作品である。小説のなかに物語が組み込まれているのだ。歌人の三宅花圃が師の中島歌子の指示で短冊や帳面を整理するうちに発見した半紙の束から物語は始まる。師の半生と、花圃と一緒に書付を整理した女中の中川澄の過去が劇的に交差するプロットと話の運びが見事である。舞台は幕末水戸藩。そこでは天狗党と諸生党という二大党派が暗闘を繰り広げていた。尊攘派たる天狗党のリーダーの夫、林以徳を失った歌子こと登世は、政争にまきこまれて牢獄にも入り辛酸を嘗める。

江戸の裕福な商家から武家に嫁いだ登世は、貧しい水戸藩の生活ぶりに驚きながら、正義と名分にこだわる土地柄を次第に知るようになった。徳川御三家であるが故に倒幕に徹しきれない藩論の矛盾を感じつつ、義妹のてつ、最過激派の藤田小四郎、水戸斉昭の未亡人貞芳院など多彩な人物と出会う。なかでも美しいのは、牢獄でも端然とした居住いを崩さない武田耕雲斎の縁につながる女性たちであった。どれほど過酷な運命に翻弄され牢番の嗜虐的仕打ちに遭っても誇りを失わず毅然とした姿を見せる水戸の女たちを、江戸の町家育ちの登世は尊敬をこめていとおしげに回顧する。この筆致は、やはり女流作家ならではのセンスというほかない。他方、牢内での下級藩士や徳育の欠けた小者ら縁辺の女性の卑しい所行にも目を逸らさず、どの人間も土壇場で見せる醜悪な一面を精緻に描くのだ。

夫を失い知己の悲劇もその目で見た登世は、水戸藩の陰惨な党争と復讐の応酬にどうピリオドを打つべきなのか苦悩し、解決策について思いを募らせる。中川澄の生まれや彼女との不思議な因縁を解き明かしながら、幕末水戸藩史の陰惨な地獄模様を、未来に向けた希望と期待の人間ドラマに変えていく筆力には脱帽しておきたい。やはり女性にしか書けない平和という実存へのこだわりがあるのだな、という感想を改めて抱く男性読者も多いことだろう。

歴史に光を射す貴重資料の復刻

歴史が大きく変わる時代には、惜しいと思う人物でも悲劇の死を遂げることが多い。フランス革命ではジョセフ・フーシェやタレーランが生き残り、明治維新でも井上馨や伊藤博文が死線をくぐりぬけたかと思えば、ロベスピエールや西郷隆盛や小栗上野介のように無念の死を迎えた者もいる。

今回復刻された阿部道山著『海軍の先駆者　小栗上野介正伝』は、横須賀造船所竣工の功労者であり、帝国海軍の恩人でもある幕臣小栗上野介の伝記として定評が高い。いちばん興味があったのは、外交から国防、経済から金融まで通じた幕府最優秀の官僚をいともたやすく処刑した背景である。斬首を命じた男が東山道総督府の監軍原保太郎であることははっきりしている。

本書でも、小栗に反逆の意志があるや否やを調査した高崎、安中、小幡三藩がこぞって逆意なし、と報告しているのに、原は河原に小栗を引き出して殺害したことが明記されている。彼の采地上州権田村の農民は、「この無残なる行動に村民は戦慄し、その祟りや恐ろし」と官軍に訴えたように、「非道残虐な殺し方」が想像されようというのだ。

海軍出身の首相岡田啓介が「幕末における最も進歩的な革新政治家」と呼び、「実に立派な武士道の華」と讃えた小栗を殺害した原の動機は、驚くほど単純で無教養まるだしの理屈である。それは、なんでも先に斬った方が勝ちだと思ったからだと著者に答えている。上州で小栗が江戸から持ち出した大砲をもって抵抗するという情報が入ったので殺したと、屈託もなく話すのだ。丹波の田舎武士を自認するくらいだから、大局観や未来予測のなかでこの傑物を生かそうという知恵などはなかったのだろう。「悪いとは思はぬか」としつこくいさがる著者に「気の毒なことをしたと思つとる」と悪びれていないのが面白い。

それでも原は、小栗の最期を「実に感服に堪へぬ、今以て忘れられぬ」と語り、「流石、一代の英傑だ」と褒辞を惜しまない。また、横須賀造船所を見て、小栗がつくったと聞いて「どえらい人物であった」と感想を漏らすのは、往時茫々というところであろうか。

文学に現れた小栗や、赤城山埋蔵金秘話など興味深いトピックも詳しく紹介されており、「上野介と女学生」「三井財閥と小栗上野介」など、タイトルを見るだけで興味をそそられるエッセイも多数収められている。

ついでに貴重な歴史史料として有益な刊本の復刻である。それは、井上馨侯伝記編纂会『世外井上公伝』である。ことに第五巻は、井上馨の「性格及び逸事」と題して、人物や趣味などを知る上で貴重な記事が多い。井上は誰もが言うように健康の体質であった。志士の頃に瀕死の重傷を負いながら蘇生して以来、午前五時に起きて庭内を運動し、感冒一つひかないで薬を用いなかったというのだ。人物については、親切で義侠心もありながら、一面には非常な敵をつくるような直情径行の性格であった。その「叱咤と怒声は実に迅雷霹靂の如く」であり、いつしか「雷」と渾名をつけられるようになった。この伝記でわかりやすい比較は、大隈重信とのものである。すこぶる緻密な頭脳をもちいかなる細かい事でも、決して看過しないあたりは、大隈と正反対だったというのだ。

「大隈は大局を見る明はあつたが、細事に亙つては寧ろ粗笨《そほん》の嫌があつた。併し公は何事に関せず緻密であつたことは、明治元勲中で之に及ぶ者が無かつた」。

ナポレオンがウォータールーで敗戦の憂き目を見たのも数字を誤ったからであり、「何事でも算盤を取つてからでないと失敗を招くもんだよ」とは、いかにも井上らしい計算の極意というべきだろう。井上の料理通ぶりもよく知られている。料理の根本は汁であり、その汁は出汁《だし》でなければならぬ、というのだ。彼の言うところの「六種の出汁」を使う料理法などは興味も尽きないが、これは本文をそのまま読んだほうがよい。

長州人でも伊藤博文は詩に巧みで、山県有朋は和歌をよくし、井上は漢文にたけていると評された。しかし、いかにも井上の本領を発揮したのは狂歌ではないだろうか。

新鷲のつかみし支那を打おとしくふても見たきたゞの満州

などは下手くそには違いないが、政治家や人間としての井上が渾然となって本音を悪びれずに出す狂歌の一境地ともいえよう。

井上馨で楽しいのは、傑出した芸人との付き合いであった。歌舞伎役者の市川団十郎、落語家の三遊亭円朝、清元のお葉、義太夫の竹本越路太夫らである。団十郎の借金三万円を肩代わりしたり、帝国劇場の後援者になったり、円朝を視察や旅行に同行させたりやらで、屈託がないのである。なかでも、清元は玄人芸の域に達していた。

空ほの暗き東明に、木の間がくれのほとゝぎす、鬢のほつれを掻き上ぐる、櫛の雫か雫か露か、
濡れて嬉しき今朝の雨

これなどは、お葉の死後にその節回しを人びとに伝えるほどであり、清元保存会を発起した「清元一流の大恩人」だったというのである。この巻には、井上がお葉に節附させて唄わせた七草の唄はじめ清元関連の記事が多いのは実に喜ばしい。

井上馨の政治経歴や条約改正などの外交活動を知る上で貴重な史料も多いが、芸や趣味にかかわる記述が重いのは、さすがに洒脱な井上らしく愉快な伝記作品ではないか。後世の日本人を楽しませてくれる逸書にほかならない。

歴史の不条理を批判的に分析

ユージン・ローガン『アラブ500年史――オスマン帝国支配から「アラブ革命」まで』(白須英子訳、白水社)

シリアをあけすけに批判して爆殺されたレバノン人作家のサミル・カッシルは、アラブ人を「世界規模のチェス盤の上のつまらない歩兵にすぎない」という無力感に襲われていると述べた。しかし二〇一一年のアラブの春は、そのストレスを拭いさろうとする試みである。子供時代をベイルートとカイロで過ごした著者は、西欧社会が感覚的にもつ中東とアラブへの先入観を払拭するために、アラビア語やトルコ語による現地史料を使いながら、アラブ世界のゲームが西欧のルールで動いてきた歴史的不条理を批判的に分析した。

著者ローガンは、これまでサダム・フセインやカダフィーのような独裁者から自力で脱却できない一方、勝手気ままに中東で利益を追求してきた欧米の力への怒りと不甲斐なさからストレスに陥ってきたアラブの民衆と近代史の構造を描いている。アラブ人の心にいかに絶望感が突き刺さっているかについて同情を隠さないのは好ましい。それでいて、近代をオスマン帝国支配期、ヨーロッパ植民地期、冷戦期、アメリカ支配とグローバル化時代の四つに分けて冷静な分析を怠らないのが本書の魅力である。

著者の分析に手がかりを与えたのは、アラブが繁栄と偉大さを達成するか、そうしようとしていた時期が二つあったというカッシルの指摘であろう。その第一は、広大なイスラーム帝国が成立した七世紀から一二世紀までの時代である。第二は、一九世紀に始まる文芸・思想のルネサンスであり、これはアラビア語でナフダ（覚醒）と呼ばれる。映画産業から劇作や音楽や美術に及ぶ実り豊かな成果を収めたものだった。

著者は、エジプト人の女性解放運動家フダ・シャーラウィが特権階級に育った女性から脱皮して、保守的な夫の思想まで変えながら、民族運動とフェミニズム運動を結びつける過程を子細に描いている。エリートと労働者階級の女性の敷居を取り払い、エジプト国民としての同一性を獲得する歴史を分析できたのは、著者が市民の日常生活や慣習を理解できる視点をもつからだろう。北アフリカから東アラブの世界にまたがる歴史をとにかく叙述した力量は凡ではない。訳文は読みやすいが、トルコのシリア支配者ジェマルをケマルと表記するなどの誤りは惜しまれる。原注と索引がすべて下巻に回されているのも読者には不親切であろう。

百年前の日本をタタール人が絶賛

アブデュルレシト・イブラヒム『ジャポンヤ――イスラム系ロシア人の見た明治日本』(小松香織・小松久男訳、岩波書店)

ロシア国内にはタタール人という文化的成熟度の高いムスリム民族が住んでいる。この人びとの祖先には、ロシア革命後に日本に亡命し活躍した人も多い。すでに日露戦争の終結後、一九〇九年に日本を訪れて旅行滞在記を書いたイブラヒムは、世界のイスラーム教徒に日本をありのままに愛情をもって紹介したタタール人である。

イブラヒムの描く日本は清潔そのものであり、日本人は職業や身分に関係なく新聞や本を読む。「なんと立派な人間性よ!」と感嘆させた日本の美風は、人びとが何かを手伝うのにもチップを要求せず、街頭の公衆電話や郵便ポストで市民生活の利便性を図る点にも顕れているという。貴族社会のロシア帝国では考えられないことだった。

来日したイブラヒムの目的は、ロシアのムスリム諸民族を解放するために日本の協力を得ることであった。日本では伊藤博文や大隈重信や犬養毅などと交誼を結び、軍人や学者や右翼運動家など幅広い人士と親しくなった。日本人の低い身長、家族全員で出かける芝居見物、一〇分もかけて茶を入れる作法、静かに読書に没頭する大学図書館の様子などが詳しく描かれている。

また、日本人は身分の低い者まで日本の将来を政治や経済の観点から考えるが、宗教に熱心でないと看破している。それでも、良心の自由が完全に浸透しているので、イスラームが広がる可能性もあると期待するのだ。

頭山満や内田良平などの大アジア主義者がイブラヒムと親交を深めたのは、イスラームの最高権威カリフのいるオスマン帝国との接近の道を探り、アジア同盟の実現を図るためであった。イブラヒムの目から眺めた明治日本の風景や、日本人の素朴かつ真摯な性格は、西欧人の日本観察とも異なる角度から描かれている。

イスラーム教徒の近代日本観を知ることのできる本書は、史料的価値が高いだけでなく、読むだけでも楽しい。定価はやや高くても、読者は原典を耽読する知的興奮に満足するに違いない。

巨大組織の実像と終焉

二〇〇一年の中央省庁の再編によって、総理府の一部、郵政省、自治省、総務庁などが統合されて誕生した総務省。今、この「行政」「選挙」「地方自治」などを司る組織の巨大化を恐れる向きもある。建制順を見ても総務省は、内閣府、復興庁（時限的設置）に次いで三番目である。そして現在、官僚政治を打破する行政改革として議論されている地方分権化はじめ国家行政が抱えるさまざまな問題のとば口を、黒澤良著『内務省の政治史――集権国家の変容』（藤原書店）が教えてくれる。

本書は、戦前の日本にあって現在はない巨大官庁「内務省」を扱った、初めての本格的な研究書である。明治六（一八七三）年、大久保利通を初代の内務卿として設置された内務省は、占領下の昭和二二（一九四七）年に解体されるまでの七四年間、「官庁の中の官庁」と呼ばれるほど、集権国家の中枢として機能していた。

内務省の巨大さは、解体後に内務省所管行政を受け継いだ省庁を見てみるとよくわかる。地方行政は自治省（現総務省）、警察は警察庁、土木は建設省（現国土交通省）、衛生・社会は厚生省（現厚生労働省）、労働は労働省（現厚生労働省）、外国移民は外務省、戸籍・国籍・監獄は法務省、殖産興業は通商産業省（現経済産業省）、気象・鉄道・港湾は運輸省（現国土交通省）、宗教・図書館は文部省（現文部科学省）などで、その行政の範囲と権力を鑑みても、内務省は国家そのものであると言っていい。

では、内務省はなぜ大きな力を持ったのか、筆者はわかりやすく三つにまとめている。ひとつは「警察と選挙を管轄したことで、否応なく『政治』と『行政』とが激しくせめぎあう、その要に位置する官庁」であったこと。つまり選挙によって左右される政党政治の命運を、内務省が握ることになったからだ。

二つ目は、「中央官庁の『総合出先機関』と性格づけられた地方長官（道府県知事）を配下に置いたことから、行政における『立案』と『実施』とを媒介する官庁」であったこと。そして三つ目は、「『中央』と『地方』とを連結する要となる官庁」であったこと。まさに、すこぶる中央集権的官庁なのである。

さらに本書のおもしろいところは、内務省の最大のライバルである陸軍との対立が、内務省内部から描かれていることだ。その対立を象徴した昭和八年の「ゴー・ストップ」事件の顛末や、「新官僚」の登場によって五・一五事件や二・二六事件という軍のクーデター計画に対する取り締まりや情報収集に内務省が弱くなった背景を、内務官僚が残した「オーラル・ヒストリー」などから丁寧に読み解いていく。

政党政治のもとで大きな力を持った内務省は陸軍と対立し、一時は屈服したかに見えたが、革新派の新官僚たちを排除するという人事で陸軍と一線を画し、海軍や宮内省と連帯しながら権力を維持し終戦を迎えた。巨大組織内務省の盛衰の過程を、はじめて内部から語ったのが、この『内務省の政治史』である。

一方の『金王朝「御用詩人」の告白——わが謀略の日々』(文藝春秋)は、金正日に『金朝実録』の編纂を命じられた詩人・張真晟が間近に見た独裁国家・金ファミリーのトップ・シークレットが、続々と明らかにされる。

もともとピアニスト志望だった筆者は、音大卒業後に朝鮮中央放送委員会で働きはじめるが、詩の才能と言葉の感覚を買われて、謀略機関の統一戦線事業部で対南工作のための叙事詩を書き、金正日と面会する。そのときの様子が実におもしろい。

まず、何の予告もなく党書記に電話で呼び出され、指定された場所に行く。そしてカーテンを開けることを禁じられたバスに乗り込み、同じ場所を何度もぐるぐると回り、金一族のみが利用できる鉄道駅に着く。北朝鮮にはこのような駅が数十ヵ所もあり、人工衛星の監視に見つからないように、屋根の上は草色に塗られているという。そこからまた列車に乗り、降りた駅からバスに乗るというのを繰り返し、金正日との謁見までに至る時間は何と半日以上なのだ。そして筆者は、金正日の人物像を的確に捉えていく。

「私をとまどわせたのは、金正日が大声で話すぞんざいな言葉だった。図書館や党の学習会で見たり聞いたりした金正日語録は、ただただ名文であり、祖国の進むべき道だった。ところが実際にそばで聞いた彼の生の声は、主語と述語さえろくに対応していなかった」

さすがピアニストをめざした筆者だけあって、言葉の音に対する感覚がひじょうに鋭い。

本書は驚愕な事実の連続だが、中でも韓国の李王朝五〇〇年の歴史を記録した『李朝実録』に対抗して金正日が作らせた『金朝実録』の内容に驚いた。まず「金朝」と付けているところで、金正日にとって北朝鮮が「王朝」であることを示している。

『金朝実録』編纂のために召集された八人の作家の一人である筆者は、金日成から金正日へ、すんなりと権力が引き継がれていなかったことに驚く。晩年の金日成が、息子の金正日によって権限が奪われていくその権力闘争のプロセスが、ひじょうに詳しく書かれている。そして、金正日の三男金正恩の指導者としての無能ぶりを挙げ、現在の権力闘争にまで深く切り込んでいる。

また、二〇〇二年の日朝首脳会議で、金正日が「拉致認定」と引き換えに日本政府に一一四億ドルの支援を要求したことが、後に金正日の失態だと言われたことや、北朝鮮が拉致被害者の横田めぐみさんを死亡と主張することへの矛盾を複数挙げ、彼女の死に疑問を投げかけている。筆者は〇四年に脱北し、現在は韓国に住んでいる。

巨大化した組織は、いつの日か必ず変質や分解を余儀なくされることを教えてくれる二冊である。

III

太郎学問するに、西洋の善なる者をよく選び、学ぶべし。惑溺すべからず。英人より太郎への忠告に、日本は父母の国なり、片時も忘るべからずと云う。少しにても廉立《かどだ》ちたる時は、日本の衣服を着せ、他国の有益の書は翻訳して国人に教うるなど、西洋人の取計らい感心なり。

——慶応三年二月十三日付、川路聖謨より孫太郎への書信目録

川路聖謨『東洋金鴻　英国留学生への通信』

（川田貞夫校注、平凡社東洋文庫、一九七八年）

観察せよ、そして時機を待つべし

すぐ隣りの国でありながら、その影響力を過小評価するか、あえて正確に見ようとしないのは、国益の上でマイナスである。日本にとってのロシアは、中国や韓国と比べると、遠い隣国のイメージのままである。

これほどではないにせよ、中東とくにアラブの人びとは、ロシア帝国やソビエト連邦を隣人として認識したことは少ないのではないか。もっとも、カフカースのチェルケス人やグルジア人たちが奴隷軍人《マムルーク》として、イスラームの歴史に大きな役割を果したことを考えると、ロシアはアラブの内なる存在でもあったのだ。ましてや、ロマノフ朝のロシア帝国に領土を蚕食され続けたオスマン朝のトルコやガージャール朝のイランにとって、ロシア史は自分たちの歴史の一部でさえあった。

しかし、ロシアの中東関与を、領土的野心と南下政策からだけ見るのは正しくないだろう。それは、長年に亘って英仏と東方問題やグレートゲームで競合してきた結果、外交と軍事の複合化した戦略の産物だったからである。この戦略性の一面は、ロシア革命によって帝国がソビエト連邦に変わっても、受け継がれた。そして、ソビエト連邦が解体して現在のロシア共和国になると、中東戦略も受動的な性格を帯びながら歴史的伝統性を継承しているかのようだ。

今回出版した小著『中東国際関係史研究』（岩波書店）は、副題の「トルコ革命とソビエト・ロシア」が示すように、トルコとロシアが二つの革命を経験する大変動期の中東とカフカースを舞台にしている。そこで、明らかになったのは、ロシアの中東関与が意外なほど受け身であり、カフカースに対する積極攻勢を取引材料にソビエトへ譲歩を求める新生トルコの指導者ムスタファ・ケマル・パシャやキャーズィム・カラベキル・パシャの戦略に押されがちな姿であった。

ロシアの伝統的に慎重な姿勢は、ゴルバチョフ・ソ連邦大統領の最終年の湾岸戦争当時にも現れていた。これとは裏腹に、積極的な印象を与えがちなロシアのプーチン大統領は、確かにペルシア湾岸やイランの安全保障に関心を深めており、シリア危機でも存在感を発揮している。彼は、中東の旧ソ連邦勢力圏の孤塁シリアを守り、国益優先の新たな外交ヴィジョンを示そうとしているかのようだ。しかし、それは武器輸出の顧客や地中海の海軍基地タルトゥスの確保といった実益次元のことだけではない。

そもそも、現在のロシア外交にとって、中東の優先順序は、ヨーロッパ、アジア、「いちばん近い外国」と俗称された旧ソビエト諸国よりも劣るのであった。二〇〇四年にラヴロフ外相は、ロシアの政策は親アラブでもなければ親イスラエルでもないと当然至極ながら国益第一主義を確認したことがある。ロシアの安全保障にとって死活の「いちばん近い外国」が不安定になるか、ロシアの脅威になると見ると、国益の優先順序を考慮して自らの別の利益を犠牲にすることを躊躇わなかった。

カフカースから中東にまたがるグルジアは、サーカシヴィリ大統領の下で独自の石油パイプライン敷設や南オセティアやアブハジアの領土問題をめぐってロシアと戦火を交えた国である。その国がイスラエルから軍事支援を受けそうと見るや、すぐさまイランに提供するはずのS－300防衛システムの売却を取り止めるという思い切りのよさであった。この選択はロシア外交の優先順序をよくなく示しているといえよう。

今度の新著でも触れたように、ソビエト初期においても、トルコがイギリスの影響下に取り込まれそうとみるや、思い切ってアルメニアやグルジアの領土をトルコに譲ることも辞さなかった。トルコを軸に旧オスマン帝国のアラブ圏や、イランはじめイスラーム世界の民族運動をイギリスに反抗させる点こそ、ソビエトのグローバルな戦略の最優先事項だったからだ。そのためには、カフカースや中央アジアの外郭線の安全保障と領土保全を大局的に図りながら、一時的な退却を正当化する強さがソビエト・ロシアの戦略にはあったのだ。

プーチンと外相ラヴロフの姿勢は、積極的に自分の方から外交のイニシャティヴを発揮して国際的に大きな失敗を招くのを避ける慎重さで際立っており、新著で触れたソビエトの外務人民委員チチェーリンの立場と似通った面もある。かれらに共通する外交姿勢を、カイロ大学の政治学教授ターリク・ファフミーのひそみに倣って表現するなら、「じっくり観察せよ、そして時機を待つべし」という点に尽きるであろうか（『アッシャルクルアウサト』紙二〇一三年一一月四日）。

チチェーリンが子細に観察し反応をうかがった大国がイギリスでありロイド＝ジョージ首相やカーゾン外相だとすれば、プーチンとラヴロフが忍耐強く動きを待ち続けた相手はアメリカのオバマ大統領にほかならない。

ロシアが対抗する欧米の大国の立ち位置を検討し、コストベネフィットを分析する手法は、小著が扱った一九一八年から二三年の間にも見られた。出来たばかりのアンカラ政府は持続して他のイスラーム世界から支持を得られるのか、またトルコ民族運動はイギリスに妥協しないのか、こうした点を判断するのにソビエト・ロシアは驚くほど慎重に時間をかけた。大使も派遣せず各種援助の供与を引き延ばしていたロシアがいざ決断すると、逡巡は去り、トルコ共産党はじめ地元の社会主義運動や匪賊の類の民衆運動を切り捨てるのも早かった。

オバマ大統領は、かつてのロイド゠ジョージやカーゾンと比べるなら、中東問題の処理法に驚くほど淡泊というほかない。秘密諜報部員の経験をもち策謀渦巻く中東の特性も理解するプーチンにとり、これほど御しやすいアメリカ大統領もいないだろう。オバマは、シリアのアサド政権が市民虐殺のレッドラインを越えるなら、軍事干渉も辞さないと高らかにトランペットを吹いた。しかし、エジプト民主化の行き詰まりと軍政の台頭、第五艦隊が基地を置くバーレーンへのシーア派宗教指導者による民主化要求にも直面し、もともと整合性の乏しいオバマの中東政策が挫折するモーメントをプーチンとラヴロフは見逃さなかった。

シリア危機であれ、アラブの民主化変革であれ、湾岸安全保障であれ、オバマの対応は市民主義者レベルの思いつきであり、どこにも首尾一貫した戦略性が感じられないことを見抜いたのである。

ロシアの相対的に安定した外交能力は、オバマの隙を見逃さなかった。しかしプーチンといえども、ロシアが現実に行使できる力を無視して、オバマ政権の弱さを逆手にとるほどの力量をもつわけではない。プーチンに可能なのは、中東におけるロシアの歴史的な役割や威信を人びとに思い出させ、そのプレゼンスを感じさせる点と線までであった。シリアを軸にアメリカとのバランスを復活できれば良しとしなくてはならない。それでも、オバマが言葉だけにせよ公言したシリアへの武力行使を無期限に延期させ、アサド大統領の退陣を化学兵器の廃棄問題とすり替えたロシア外交の巧妙さには脱帽するほかない。

中東では予期しなかった事件が突如として起こる。驚きには慣れたアラブやイスラエルの人びとでさえ、シリア市民の人権や反体制勢力の抵抗へのこだわりがいまや、化学兵器の廃棄と査察の問題に紙面や画面の大部分を譲るのを見ては、唖然たらざるをえないだろう。

中東の国際関係におけるロシアの強みは、すべての関係国や当事者にコネクションをもっていることだ。これは、かつてのイギリスと同じようにアメリカにもない特性である。シリアとイランはもとより、南レバノンのヒズブッラー、パレスチナのハマスと直接に関係をもてるのはロシアだけである。ロシア系移民はじめソ連からの移住者の多いイスラエルは、ロシアが情報収集や人脈形成の中心としている中東国家なのである。

ロシアの持ち味は、特定の国に屈服を強いがちなアングロサクソン流のハードな交渉による解決ではなく、自国のグローバルな影響力と各国の自負心を満足させる妥協や調停を図る巧みさにある。もっとも、調停努力を重ねても、かつての湾岸戦争やイラク戦争、イスラエルによるヒズブッラーとのレバノン戦争やハマスとのガザ戦争のように、失敗に終わる事例も多い。また、中東の関係当事国や団体は、回りくどいロシアを相手にするのを嫌い、じかにアメリカやNATOとの交渉を望む事例も少なくない。しかし、アメリカとは異なるロシア外交の特徴は、ソビエト時代も含めて、価値観やイデオロギーの外交でなく、レアルポリティーク（現実政治）の外交に徹する点にある。

イランの核開発を批判しながらイスラエルの核保有に寛容な、アメリカのリベラルな民主主義を至上の価値観とするイデオロギー外交は、イランやアラブの立場から見れば偽善や虚偽かもしれない。アングロサクソンの価値観とリベラルな民主主義のイデオロギーに、イスラームの歴史と伝統で培われた中東の国々が妥協を余儀なくされるのは苦痛なのだ。ましてや、価値観の押し付けは逆効果を生むことが多い。民主化運動が進み良質な政権ができるはずだったリビアやエジプトやシリアの気息奄々たる現状を見れば、その逆説がよく分かるというものだ。

とはいえ、ロシアがアメリカに対抗して中東政治や国際舞台に主役として本格的に復帰することは近未来でも難しい。ことにソ連邦とワルシャワ条約機構の解体で力と威信を失ったロシアの軍部は、いまのところ国際政治の二極や三極になる力が乏しいことを知っているからだ。さて、小著は、ロシア革命の渦が招いた第一次大戦直後の混乱期に外交と軍事に共通するソビエトのレアルポリティークをトルコ革命の視点から逆に眺める試みともいえよう。いまだにソ連邦解体の余波がくすぶる二一世紀前半の中東国際関係の理解に、英米仏中心の視野でない別の見方を示せたとすれば幸いである。

大石内蔵助の原型

中村彰彦『跡を濁さず　家老列伝』（文春文庫）

大名の家老といえば、日本人の大多数がすぐに思い浮かべるのは、赤穂《あこう》義士の大石内蔵助良雄《おおいしくらのすけよしお》であろう。日本人は、実在の大石や、『仮名手本忠臣蔵』の大星由良之助《おおぼしゆらのすけ》を通して、家老のイメージをどことなく作り上げているところがある。家老とは、藩主が参勤交代で国を留守にする時に、主君に代わって藩政に責任をもつ重役であり、戦時になれば主君の意を受けて一軍の将にもなる存在なのだ。実際に、元禄一四年（一七〇一）の赤穂城受け取りは、籠城による攻防戦も考えられたほど緊張に富んだ政治ドラマだったのである。

播磨龍野《はりまたつの》城主の脇坂淡路守安照《わきさかあわじのかみやすてる》、備中足守《びっちゅうあしもり》藩主の木下肥後守㕣定《きのしたひごのかみきんさだ》は、寄せ手となって実戦になる事態も覚悟して城受け渡しの任務についた。他ならぬ大石も、元禄七年（一六九四）二月、備中松山藩の水谷家が改易となった際に、主君の浅野内匠頭長矩《あさのたくみのかみながのり》が収城使となったために、城受け渡しの任にあたったこともある。大石は、赤穂藩浅野家の城代家老として、他家と自家の改易に関わる政治処理を二度も担当した稀有な家老だったのである。

大石内蔵助の水際立った釆配ぶりは、秘かに或る家老の作法に範をとったと言われている。その人物とは、元和五年（一六一九）に芸備二国五〇万石を徳川幕府に奪われた福島左衛門大夫《さえもんのたいふ》正則《まさのり》の家老、福島《ふくしま》丹波守《たんばのかみ》治重《はるしげ》に他ならない。

　福島丹波はもともと武勇の士であったが、幕藩体制の確立に伴い、首席家老として広島藩の政治や経済の運営全般にも当たった。そのなかでも、歴史に残る事績こそ、福島家改易時の振舞いなのであった。中村彰彦氏の家老列伝作品集『跡を濁さず』は、福島丹波を描いた短編「跡を濁さず」という作品名を、そのまま書名にしたものである。この中村氏会心の作を読めば、氏が丹波の城受け渡しに見せた政治技量をことのほかに評価しているのがよく分かる。

　そもそも、関ヶ原の戦いで徳川の天下取りにいちばん功のあった外様大名の福島正則を、姦計と陰謀で改易すること自体がまずもって胡散臭いのである。福島の家来たちが激昂して、一戦も辞さずとなったのは、後世の浅野家中と同じである。それでも、福島丹波は、一時の感情の高ぶりで我を忘れることはなかった。武士は名を惜しむのである。

　福島丹波は、城収受のためにわざわざ出張してきた老中安藤重信《あんどうしげのぶ》や譜代大名の常陸笠間《ひたちかさま》藩主・永井《ながい》直勝《なおかつ》など幕府方の歴々を相手に、使者を派遣し武士としての意地を見せた。丹波の意を受けた交渉役たちの言い分は、随分と筋の通ったものである。その主張をまとめると、現代の政治や外交でも論理として見事に成り立つほど整然としている。

一、公儀（幕府）の上意である以上、芸備二国の召し上げには同意するが、江戸表にいる正則と京都滞在中の忠勝親子の生死のほども知れない以上、勝手に領地と城を明け渡すわけにはいかない。

二、その領地は、主人正則によれば福島家中の働きによって与えられたものであり、正則は、いざ戦になった折は、城を枕に討死すべしと厳命していた。主人の墨付を見ないうちは、上使の沙汰であろうがたやすく承引できず、開城など思いもよらない。

三、墨付はあくまでも江戸にいる正則の直筆であるべきなので、それが到着するまで収城使の面々と軍勢は国境の外に一旦出て他領に陣を構えるのが相当である。

四、一時退去が出来ないというなら、福島正則の留守を預かる者として、一戦するか籠城するか、いずれかの道を選択せざるをえない。

中村氏は、天下も改まり太平すでに開けた現在、幕府の方から開戦するのも世への聞こえが悪く、判官びいきの同情も福島に集まると見て、幕府が尾道《おのみち》から三里の地に兵を引いたと記述する。まさに、交渉の緒戦は福島丹波の一本勝ちに終わったのである。

主人正則の墨付が届いた後も、丹波の鮮やかな振舞いは続く。主人の命が届いた以上は上意に従うが、家中の妻子の名誉ある退去のために徒歩でなく、船の使用許可を申し込んだ。近隣から船四、五〇〇艘調達するように求め、それで婦女子がまず去った後に、城中掃除の上、広島城を明け渡すというのだ。また念のいったことに、これが叶わなければ、妻子どもには自害させ城を焼き捨てて死後の恥を晒さぬようにすると意気軒昂なのである。

戦国の乱世を生き抜いてきた武士なら、その鑑《かがみ》のような福島丹波の意地に感動しない者はいない。

幕府の上使もそうであった。願いは聞き届けられ、婦女子は船で去った。丹波の本領発揮はここから始まる。侍帳をつくって、役職や石高を書き出しただけでなかった。そこには、武功はもとより、籠城中の立居振舞い、籠城せずとも良き士道を貫いた者の考課を詳しく書いた。城集合の刻限に遅れた意地から立腹《たちはら》を切った者の顚末も詳しく記すという気の配り方なのである。丹波の非凡なのは、この侍帳を紙に清書させ大広間の壁に張り出したことだった。この時には、家老の真意を知る者は少なかった。

他方、武具や馬具などをきちんと整頓させ、目録を作って上使たちが数を確認しやすいようにしたのは、赤穂の開城模様を知る現代人でもさもありなんと感心させられる点なのだ。水桶にたっぷり水を満たしたのも、炎天下に受け取りを果たす者たちの渇きを懇切に考慮したためであった。

中村氏が描く開城の光景は、一幅の絵になっている。太鼓の合図で二つに割れた城門の右側から、福島家の一統が鎧と鎖付きのいくさわらじに身を固めた旗奉行を先頭に、鉄砲足軽たちを従えて近づくと、収城の一行はそれを左に見ながらじわじわと右周りに門をくぐり、ほぼ三〇分後には完全に城内外の部隊が入れ替ったのである。何という見事な作法であろうか。中村氏はこの光景を書きたかったに違いなく、そのために福島丹波を主人公とする佳品をまとめたのではないかと感じさせるほど、鮮やかな叙述になっている。

福島丹波が大広間に貼り出しておいた侍帳を見た者たちは、こぞって人名を写しとった。いまも昔も得難いのは人材である。大きく名前や事績を書き出したのは、沢山の関係者が同時に混乱なく書き取りやすくした丹波の配慮なのであった。明日から浪人となる福島家中の歴戦の強者や算勘に明るい役方の人間など、求める人材を他家は必ず見つけたことだろう。今風に言えば、福島の浪人たちは買い手市場でなく完全に売り手市場で他藩他家に再就職できたのである。これは、丹波の才覚と気配りの賜物であった。

当人についても、紀州藩から二万石、加賀藩から三万石の高禄で是非もらいがかかった。しかし、丹波は恬淡として仕官話をすべて断り、京の東山につましい庵をむすんだ。川中島四万五〇〇〇石に転封された主人正則の暗澹たる心中を思いやってのことでもあろう。

暗い余生を送った主人福島正則と異なり、丹波が見事な出処進退で歴史に記憶されるのは、ヘーゲルのいう歴史の狡知というべきなのかもしれない。丹波の見せた鮮やかな家老のリーダーシップは、大石内蔵助にも受け継がれたもののふの道として、現代の日本人をも感動させてやまない。

エジプトが悲劇から免れている理由

鈴木恵美『エジプト革命――軍とムスリム同胞団、そして若者たち』(中公新書)

エジプトがシリアと違って内戦の悲劇から免れている理由は何であろうか。鈴木恵美氏の近著『エジプト革命』は、いちばんの違いを、エジプト軍の利権が大統領から独立しており、大統領も家族や身内に軍を管理させず軍隊を私物化していなかった点に求める。二〇一一年一月二五日革命では、軍部が空軍出身のムバーラク大統領を素早く軍事共和制から切り離した。鈴木氏は、これこそエジプト情勢がシリアのように泥沼化せず短期間に収束する要因だったと語るのだ。鈴木氏の著作は、二〇一一年以降のエジプト革命において大きな存在感を示した軍の役割を明快に解き明かしてくれる。

エジプト軍は、二〇一二年の時点で約四七万人を擁していた。体制に占める軍の大きな役割から、エジプトを〝将校たちの共和国〟と呼ぶ研究者もいるという。エジプト軍がそれなりに国民の信頼を受けて、史上幾多の変革の担い手になったのは、その人事が特権エリート階層に限られず、公務員や農民の出身者など庶民の子弟が多く、特定の階級や地域との結びつきが弱いからだ。父が裁判所の書記だったムバーラクに引導を渡した軍最高評議会のタンターウィーはヌビア系の出身であり、民主化の末に誕生したムルシー大統領を失脚させたシシ(スィースィー)軍総司令官の父はカイロ旧市街の貝細工職人であった。

しかも、現役と退役の軍人たちには参政権が付与されておらず、制度として軍関係以外の企業や集団の利害を代弁しないことは、あたかも軍が清潔かつ無私であるかの幻想をふりまく根拠になっている。しかし軍関連の企業は、最大でエジプトの名目GDPの四〇%を占めるほどであり、もし将軍クラスが順調に退役するなら行政職や国営企業役員のポストが用意され、平均月給額が二〇〇万から一〇〇〇万円にもなる高給を保証される。複数の職務を兼ねると数億円にも上る軍人もいるらしい。かれらの愛国心と社会的責任感を否定しないまでも、その恵まれた待遇には国民や下級将校の不満も募るというものだ。

こうした軍の特権構造をつくったのは、アラブ社会主義の旗手とされ貧民の味方という印象を与えがちなナセルである。ナセルの体制は、軍部があらゆる組織を統制下に置き、自立した大衆運動の可能性を封じ込めた抑圧的な性格をもっていた。鈴木氏は、ナセルが帝国主義と戦うアラブ・ナショナリズムの英雄だった反面、「国内では反体制派を徹底弾圧し、抑圧的な体制を作った毀誉褒貶相半ばする人物であった」と正しく指摘している。

他方ナセルを継承したサダトにしても、ナセル時代の翼賛的な大衆動員組織としてのアラブ社会主義連合を吸収して国民民主党をつくったが、それを新自由主義と権威主義の牙城とすることになり、悪しき遺産がムバーラクに受け継がれたというのだ。鈴木氏は、ムバーラク体制の崩壊が、軍を体制の中心に据えたナセル以来の共和国の構造が内包するものだったことを説明した点でも、エジプト史について複合的な見方を提示したといえよう。

文学者が歴史の不条理を問う

安岡章太郎『文士の友情』（新潮社）『歴史の温もり』（講談社）

現代の若者が男女を問わずに、どうしても自分の職業として思い描けないものがある。それは軍人である。自衛隊員ではない。軍隊の将校として否応なく志願させられたり、徴兵義務で兵士に引っ張られる歴史事象は、一九四五年の敗戦を機会にこの国から消えてしまったからだ。安岡章太郎や吉行淳之介が軍隊にはおよそ縁のない人士だと、戦後生まれの人間が勝手に決めこんでいる二人が兵隊だった経験をもつなど、およそ信じられないのがこの国の歴史というものなのだ。

『文士の友情』は、吉行や遠藤周作、それに島尾敏雄との友情や交遊を描くなかにも世相が浮かび上がってくる。『歴史の温もり』は、正面から歴史とは何かを問いかける野暮さをもたぬにせよ、歴史と個人、歴史の不条理といった歴史家永遠のテーマが文学者の目を通して浮かび上がってくる。

安岡によれば、吉行は甲種合格になり岡山の歩兵聯隊に入るが、わずか五日ぐらいで喘息のために即日帰郷したくちらしい。吉行は、番町小学校と麻布中学校で成績一番を通した秀才だったらしいが、とにかく絶えず鼻血が流れて軍服を汚さぬように、首を前に突き出しながら早足行進をしていたのだから、弱兵も何も兵士になるべき人間ではなかったのだ。いくら帝国陸軍でも帰郷を命じざるをえず、吉行は「めったにないほどの好運」に見舞われたことになる(『文士の友情』)。

安岡当人はもう少し運が悪かった。現役兵として満州の孫呉というところに駐屯するはめになったからだ。何しろ、第一師団歩兵第一聯隊というピカピカの東京人或いは江戸っ子ばかりの軍隊なのである。現役兵として訓練させられたり、古兵の制裁を受けたり、吉行ほど好運でなかった。しかし、安岡もとにかく南方戦線に出発する前日に胸膜炎で四〇度近く発熱し、入院して動員にはかからなかったというのだ。この部隊は、大岡昇平の『レイテ戦記』に登場する兵団にほかならない。

安岡らしいのは、レイテ戦参加の兵団や自身の重病を描くのに、慰安婦の不思議な光景を寸描していることだ。孫呉の師団司令部の近くにあった慰安所には、安岡はじめ周りの人間は誰も入ったことはなかった。外出許可も下りず古兵たちの身の回りをしている初年兵に慰安所に出かける余裕があるはずもない。それどころか、二年兵でさえ公用以外は全員が一度も外出させてもらえなかったというのだ。だから休日に外出できたのは、三年兵以上の古参兵だけということになる。

しかも、安岡は、古参兵も慰安所に行くことはあまり無さそうだったと推測している。そもそも安岡は、兵士の喜びについて、汁粉か何かを腹一杯食わせてもらい、眠りたい放題眠らせてくれれば、その方がどんなに有難かったろう。これは初年兵に限らず下級兵士たちの偽らざる心境であろう。その慰安婦にしても、安岡たちが訓練している川の浅瀬のあたりで、五、六人、水をはね上げて駆け回っていた。

「その姿は私の考えていた「慰安婦」とは一致し難く、ただの娘さんとしか思えなかった。大きな麦藁帽子に隠れて顔はよく見えなかったが、たくし上げたスカートから覗く脚は、まぶしいくらい白かった。——女の子の脚とはあんなにもまっ白いものだったのだろうか」。

安岡は、自分の原隊の渡河演習の場景と、ルソン沖海域での決死の上陸作戦と、無心に魚を追っていた女たちの白い脚が交錯する光景を思いだすことになる。これらが重なって浮かんでくると、「たちまち眼の中がくもって、なぜか熱いものがこみ上げてきた」。これは安岡だけでなく、私はじめ多くの読者の反応ではないだろうか（『歴史の温もり』）。

こうした安岡が職業軍人の家庭に生まれたというのもまことに面白い。それも兵科でなく獣医科という珍しい専門官であった。安岡は、どうやら幼年学校や各種軍学校を志望したことがなかったらしい。旧制中学校から旧制高校を目指す地方人の典型だったらしい。地方人とは軍人がかれら以外の市民を指す場合の通称の一つである。しかも、安岡は遠藤と同じように、帝国大学に進む旧制高校の受験に失敗しているのだ。それも一浪、二浪どころでないから、人生も何が幸いするかわからない。慶應予科から慶應義塾大学に進まなければ、『三田文学』との関わりも生まれず、慶應出身者の文人特有のどこか斜に構えたソフィスティケーションを漂わせる文学が誕生したかどうかも分からない。

それにしても、安岡たち陸軍兵士失格者が、予備学生から海軍中尉にもなった島尾敏雄を妙な憧れで眺めるのがおかしい。安岡は島尾をスターだといい、吉行も人気があったと褒めるのである。人間魚雷震洋の特攻隊長としての指揮能力や魅力もさることながら、とにかく神話や伝説まがいの話ができるくらい恰好もよかったのだろう。白い夏軍服に短剣を吊って、颯爽と登場する島尾あたりを想像しながら、小川国夫を交えて座談する二人の姿は、とても現代の文学愛好者や若い作家には想像もできないのではないか。

文学においても、実生活においても、〝戦後〟は戦時中に用意されていたものだ。戦後民主主義にしても、平等主義という観点からいえば、戦時中の食糧配給の公平さにさかのぼる。これによって階級差が一挙に取り払われたのであり、秩序の紊乱も戦中に下拵えが出来ていたものだというのだ。敗戦後に急に日本人が堕落したわけでは決してないという指摘には掬すべきものがある。

国際的な武装貿易商人を描く時代小説

安部龍太郎『五峰の鷹』（小学館）

石見銀山、五島列島、寧波《ニンポー》をつなぐスケールの大きな伝奇的時代小説である。著者の直木賞受賞第一作でもある。主人公の三島清十郎は、もともと石見銀山を宰領する山吹城主の家に生まれながら、逆賊に家を滅ぼされ、母のお藤の方は拉致される。剣客として成長した清十郎は、室町幕府の兵法指南所でも頭角を現すが、やがて博多に移り、大陸の舟山諸島と五島列島をまたにかけて活動する海賊の王直の知遇を得る。博多の商人神谷家の娘お夏と結婚した清十郎は、舟山でも披露宴をおこない、国際的にスケールの大きな武装貿易商人としても活躍するようになる。家の仇敵への復讐劇と並行して、防長の大内家の滅亡や毛利元就の興隆など史実に沿ったドラマも描かれる。

迫力があるのは、和式と洋式を結合した戦闘場面である。故郷の山吹城に戻った清十郎は、加勢しながらマスケット銃とパイク兵を組み合わせたスペイン陸軍の戦法を実戦に応用して成功する。三間（約五・四メートル）に近い槍で敵の接近を防ぐ間に、鉄砲隊が弾込めをするのだ。わざと枡形や門を開けて、敵が勢いこんで突入してきた時に、逃げる素振りをして敵を引き付ける戦法である。また、響灘から北へ向かう清十郎たちのジャンクと、それを追いかける三本マストのフスタ船（船体の長い快速船）との海戦も真に迫っている。大砲の仰角を上げながら山なりに砲弾をジャンクに打ち込む光景は、清十郎の巧妙な操船技術とともに手に汗を握る場面にもなっている。

王直は脇役というよりも、もう一人の主人公というべきであろう。王直はスペイン人が南米のポトシ銀山から持ち込む安価な銀を狙って巨利を得ようとする。明国は銀を通貨として採用し、役人や軍人の給与も銀で支払うようになっていたからだ。そこで、安く買い付けた銀を国内に持ち込んで通貨として用いれば、濡れ手に粟のボロ儲けができたのだ。ところがスペイン人も馬鹿ではない。そのカラクリに気付いたスペイン人が銀の値を吊りあげたために、王直の儲けは大幅に減った。そこで産出量が増大していた石見銀山が救いの主となる。王直は、お夏の父に接近して、石見の銀を買い付けて、舟山、五島、平戸、石見の航路を一直線に往来し、新たな商売を始めるようになる。

明国から日本へは生糸、硝石、鉛を仕入れ、日本からは銀や硫黄を買って大きな利益を上げようという算段なのだ。最近の日本史や東アジア史の学問成果も駆使した歴史の構造への洞察力と、魅力あふれる虚実まじえた人物たちを微細にとらえる描写力を結びつけながら、小説のクライマックスを厳島の戦いにもっていく才はたいしたものだ。明と朝鮮の軍船に包囲された王直を救いに出かける清十郎の眉宇には決死の覚悟がみなぎっている。王直と清十郎の其の後を素描する続編を是非にも読みたいものだ。

米英がいつも勝者となるのはなぜか

ウォルター・ラッセル・ミード『神と黄金――イギリス、アメリカはなぜ近現代世界を支配できたのか』（寺下滝郎訳、青灯社）

英語に限らず、アダム・スミスの経済学とダーウィンの進化論にも象徴されるように、アングロ－サクソンは、これまで物事の世界標準をつくってきた。ルイ一四世からウサマ・ビン・ラディンに至るまで、この英語圏の力と文化に挑戦してきた勢力はことごとく斥けられた。本書は、米英がいつも勝者の側に立ち、その歴史が今の世界を形成した理由について多角的に世界史を省察している。博学な著者の結論を一言でまとめるなら、この両国民は自由な市場と資本主義につきまとう緊張、不確実性や不平等を厭わずに受け入れる意志と耐え抜く能力に秀でていたからだ。

加えるに、資本主義の発展に適合した制度や社会の環境づくり、企業と技術の発展を牽引してきたために、グローバル市場でも競争相手を打ち負かした。著者は、成功の根源としてイギリスの宗教改革が忍耐強く進取の気象に富む社会を創造した点に注目する。ニュートンの物理学からジェファソンの民主主義に至る理論の背後には、スミス同様に神の見えざる手による秩序ある世界の建設を強調する考え方が見られる。個人主義と楽観主義は、どの世界でも支配的な力になるはずだという信念こそ、米英の発展を支えたというのだ。

とはいえ、米英は歴史の見通しや政策の選択で誤りも犯した。その理由として、著者は、アングロ-サクソンが生み出す活力と変化を快く思わない社会があるからだと主張する。確かに中東のテロリストは大きな脅威に違いないが、重要なのはアングロ-サクソン的価値観と秩序に正面から対決する姿勢を示す現代中国である。この点に言及がないのは驚く。米英の文明が現代の混乱を超越する道を模索しているのは事実にせよ、その世界は著者の想像を超えた異質なものになるだろう。攪乱要因は、過去に偉大な中華文明をもち、現代も周辺に独特な華夷秩序を強制しようとする共産党独裁資本主義国家の存在にある。このあたりを分析すれば、米英の文明的支配の成功と問題点をもっと明晰に解剖できたに違いない。

熊本県知事が異色の経歴を綴る

蒲島郁夫『私がくまモンの上司です』（祥伝社）

ゆるキャラのなかでも、熊本県のくまモンは全国屈指の名士であろう。愛嬌とユーモア、真面目なアピール力とたしなみ、どれをとっても好感度上位のゆるキャラである。くまモンは県営業部長の辞令をもらって庁議にも出席しているらしい。

蒲島郁夫県知事の本気度は凄い。いまでは全国区となったくまモンは、九州新幹線の全線開業に合わせて誕生した。二〇一三年一〇月には天皇皇后両陛下の前でキレのある踊りを披露して皇后さまから御言葉まで頂戴した幸せ者である。テレビでほほえましい光景を見ていた私は、両陛下が本当にくまモンをお好きなのだという印象を受けたものだ。

熊本県の限られたPR予算のなかでくまモンはよく頑張っている。くまモンの赤いほっぺ紛失事件には笑ってしまった。くまモンの赤い頬っぺたは、トマト、イチゴ、馬刺し、あか牛、鯛など県特産品を象徴化している。

つまり、緊急記者会見までした県知事の狙いあるいは洒落は、ほっぺが落ちるほど美味な熊本の特産品を食べたからくまモンのほっぺが落ちてしまったという意味だったのだ。さすがに東大教授から転身した政治学者にして政治家だけのことがある。ユーモアとエスプリの活用はさすがである。

くまモンの創造やほっぺ紛失騒ぎを思いつく蒲島氏と、行政官出身のエリート知事との感性の差異は、大学を出ずに農協職員からアメリカのハーバード大学の政治学博士に転身した異色の経歴や苦労の数々など、人生経験の違いに尽きるだろう。

高卒後、最初に就職した会社と家との往復に七時間をかける辛抱強さ、アイダホ州の牧場で夜明け前から夕方まで続く厳しい労働など、どれをとっても日本の若者を大きく成長させる体験だったに違いない。

授業に手を抜かず、県政のムダを少なくし、自分の給料をカットする知事の使命感は、くまモンの爽やかなイメージにもつながる。そういえば、くまモンと蒲島知事の顔や雰囲気はよく似ている。リーダーの在り方を教えてくれる本でもある。

持続可能な国と持続不可能な国

マッシモ・リヴィ＝バッチ『人口の世界史』（速水融・斎藤修訳、東洋経済新報社）

気象や自然災害や感染症は、農業が始まってから、人口と資源の均衡を変える要因であった。人口増加を決定するメカニズムはゆっくりと変わるので、人間は環境条件の急速な展開には簡単に適応できない。著者は、人口と資源の相互関係を説明する一手法として、一七〜一九世紀のアイルランドと日本を比較する。両国は一七世紀に人口を爆発的に増加させながら、一九世紀半ばには大飢饉を経験するか長い停滞に陥ったのは何故なのか。

アイルランドの人口増加は、ジャガイモ導入の成功が大きく、それによる耕地の拡大と細分化が早婚を助長したようだ。ジャガイモ一樽あれば、乳児を含めて五人家族が一週間食べていけた。ところが病がジャガイモを襲い不作となれば、人びとは飢えるしかない。ジャガイモは急速な人口増加の一因であったが、人びとが単品だけに頼る恐ろしさも教えてくれる。日本も初めはアイルランドと似ていた。貢租と自給のための生産は貧困を伴ったが、その主目的が販売に変わった時、窮乏は豊かさと生活の質を上げる労働へ変わったと日本の研究成果を吸収する。また、日本近世の人口停滞の理由は、堕胎や間引きなどの抑制や、女性の労働負担過重による妊産婦死亡率の増加によると強調している。

国連推計によれば、将来の世界人口は二〇二五年に八〇億人に達し、二一〇〇年にその三分の一以上はアフリカとなるらしい。また著者は、伝統的に敵対関係にある二国間、あるいは長い交流のある二国間にも人口規模が変化すると「影響が出てくる」と指摘するが、その関係が「どのような変化を迎える」のかと疑問を提起するだけに留めている。ここでは人口学者による未来の政治や社会の構造への踏み込んだ史的分析が欲しかった。

他方、人口問題解決のために、「世界移民機関」をつくり各国政府が移民関連の権限を譲って、人口移動数を各国家に割り当てるという構想もあるらしいが、著者はその効果に否定的である。いずれにせよ著者は、寿命延伸の可能性を語るとき、富裕国の持続可能性と貧困国の持続不可能性の違いを強調するのだ。ボツワナの成人人口の三分の一がＨＩＶに感染しており、平均余命が一九八五—九〇年の六四歳から、二〇〇〇—〇五年には四八歳になった。新療法の開発と費用負担の軽減を促す著者の提言は、人口史の切実なテーマともなるだろう。

山本周五郎の現代性

『山本周五郎長編小説全集』第一三巻（新潮社）

いま山本周五郎にはまっている。高校生から大学生にかけての時分、父の書棚から『樅の木は残った』や『小説日本婦道記』などを取り出して読み耽ったことが懐かしい。今回、新潮社から刊行中の山本周五郎長編小説全集では読んだことのない作品が多い。それどころか名前を知らなかった小説を読む楽しみも大きい。第一三巻に収められた「山彦乙女」もその一つである。巻末の宮部みゆきさんのエッセイによれば、彼女も初めて読んだというのだから、私が知らなくても当然だろう。

「山彦乙女」は、甲州武田家の再興を図る伝奇的な要素の強い小説である。宮部さんは、終盤に起こる関所突破の活劇シーンや、信玄ゆかりの財宝が隠された山の大崩落などの場面を指して、〈周五郎ワールド〉のイメージとの落差を感じたと指摘しているが、まことに同感である。しかし、それを『八つ墓村』みたいだ」と直感するのは、さすがに小説家の感性であろう。周五郎と横溝正史のアナロジーとはなかなか考えつくものではない。

確かに、この小説には徳川五代将軍綱吉の死と実力者柳沢吉保の失脚を背景に、甲府藩主柳沢と武田家に縁のある武士団の陰謀による幕府転覆の奸計に、幕府役人の謎の失踪、美しい姉妹の奇矯な振る舞い、芝居小屋や料理屋でのミステリアスな事件など、不思議な出来事がふんだんに絡む。この点で本書は推理小説ファンの期待も裏切らないだろう。

しかし、やはり〈周五郎ワールド〉も生きているのだ。入獄中の夫をもつ女中と板前が恋仲になっても、添えとげられぬと観念して心中する事件を取り上げながら、なをという女中の悲劇を冷静に主人公の半之助に分析させる筆致は、周五郎にしか書けないものだ。

「仮に、なをに勇気があり、家を捨てて、その男とどこかへ逃げたとしよう。新しい結婚は、いっとき二人を幸福にするかもしれない。しかしそれは短い期間のことだ、のがれることのできない、きびしい生活のくびきのなかでは、どんな愛情も傷つかずにはいないし、お互いに飽きるほうがもっと早いかもしれない」（四四〇ページ）。

市中の人たちの間で起きる日々の、胸の痛むような、悲惨な出来事や、欺瞞と強欲と狡猾のためにいつも抑圧されている無知や愚鈍の悲しさは、江戸近世だけの話ではないだろう。また、武士というエリートの権力や名声をめぐる醜い争いも、過去に限った現象ではないはずだ。山本周五郎はいつ読んでも、どの作品をとりあげても、現代の断面を鋭く抉る作家なのである。

歴史上の人物と病気との関係

小長谷正明『医学探偵の歴史事件簿』（岩波新書）

歴史上の人物と病気との関係は、歴史学研究の肝にも関わる重要なトピックである。現役の神経内科医でもある小長谷正明氏の『医学探偵の歴史事件簿』は、興味深い逸話の紹介に留まらず、専門家の歴史研究者が見落としがちの論点を指摘した好著である。

晩年のレーガンがアルツハイマー病に苦しんだことはよく知られているが、彼の国民に向けた感謝の辞には、ガンマンが夕陽に向かって去っていく西部劇風のヒロイズムが漂っているという。「今、私は人生の日没への旅を辿りはじめようとしています。私は、アメリカにはいつも明るい夜明けがくることがわかっています」。この言葉も立派であるが、最後まで合衆国大統領としての責任と矜持を失わなかった元俳優レーガンをヒロイズムの文脈で理解する分析力は優れている。また、終戦反乱の一角を担った海軍厚木航空隊司令の小園安名大佐のマラリア発作と反乱不発の因果関係を説きながら、アメリカ軍が南方戦線でマラリア媒介の可能性を調査し、合成抗マラリア薬の準備をした事実を重視する。日米間には、兵器の数だけでなく、戦争遂行のための総合的システム力の違いがあったとは、歴史の本質を衝く指摘というべきだろう。

いちばん興味深いのは、昭和天皇に侍従長として仕えた縁者の山本悟氏の寡黙ぶりと職務への精励であろう。天皇が痛いの苦しいのを絶対に言わないので侍医も診断に困ったらしい。それに引き換え、診察に当たった大学のドクターには口が軽くペラペラしゃべる者が多かったようだ。天皇自身が知らない所見や検査結果が外で報道されているのだから、忍耐強い昭和天皇もさすがに不快だったのではという見立てはまことに正しい。

「鉄道とは何か」を考えるときに信頼できる書物

盛山正仁『鉄道政策』（創英社／三省堂書店）

明治以来、日本の鉄道は国の近代化と産業化に大きく貢献してきた。いまでも、民営鉄道には国の助成が出されている。この書物は、鉄道への公的関与の在り方を論じているが、内外の豊富な実例やカラーによる各種鉄道車両の紹介などによって、読みやすくする工夫も随所にこらされている。

本書を読んで、カイロに住んだ時に私も毎日のように乗っていたトロリーバスが無軌条電車といい、鉄道車両に区分されることを知って驚いた。札幌の地下鉄や東京のゆりかもめが鉄輪と線路でなくコンクリートの走行路をゴムタイヤで走ることを訝しく思っていたが、これも案内軌条式鉄道というそうだ。とにかく、鉄道マニアや「撮り鉄」の皆さんが〝鉄道とは何か〟と考えるときに信頼できる書物といえよう。

レトロ風の池上線や世田谷線でも知られた東急が、渋谷駅をターミナルとせずに東京メトロ副都心線に乗り入れた事業の背景や理由も分かりやすく解き明かされる。これは、利用者の利便向上を求めた運輸省に対して、工事や再開発を含めて鉄道事業以外の収益増加を期待する東急が応じたからだというのだ。

国鉄民営化後も、JR北海道とJR四国は経営が厳しい。国が特別債券の発行によって二社の経営安定を試みるのは、地域経済への影響や公共交通機関の確保などを考えた結果らしい。国が唯一の株主なので、税金を投入してJR九州を含めた三島のJR会社の経営を支えているが、著者は鉄道運行の支援について原則を検討すべきだと冷静に提言する。

本書は、神戸の各種鉄道を乗り換えで使用する場合の料金と、トンネル代やガソリン代を含めたマイカーの支出を比べて自動車に軍配を上げるなど、鉄道にも不都合なデータを公平に出している。著者は、鉄道整備と総合交通体系に関わる専門的な本書を衆院議員落選中に準備し、法務大臣政務官になってから完成したというから、その知性と努力には驚くではないか。

自前の文明批評家に接する機会

小林秀雄『学生との対話』(新潮社)

これほど見事に若者と対話する知識人は少ない。大学に籍を置いたこともある小林秀雄は、生まれながらに教師たる資質に恵まれていたのだろう。昭和三六年から五三年にかけて九州で開かれた学生と青年の合宿教室で展開された講演と白熱の質疑応答は、いま読んでも少しも色褪せていない。

若者との対話は、本居宣長の「敷島の大和心を人問はば朝日に匂ふ山桜花」という有名な歌の解釈から始まる。宣長は山桜が好きで墓に植えるように遺言したほどだった。山桜は必ず花と葉が一緒に出る。花が最初に出て後から葉っぱが出る低級な染井吉野とは訳が違うと若者のドギモをまず抜くのだ。後者は植木屋が育てやすかったから広まったにすぎない。それを小学校の校庭に文部省が植えただけだと両者の結託を批判するのだ。

そこから「匂う」の語義は「色が染まる」にあるとし、照り輝くさま、艶っぽく元気のある盛んな有様を意味するようになったと指摘する。だから、山桜の花に朝日が指した時には、いかにも「匂う」という感じになるというのだ。「花の姿や言葉の意味が正確に分らないと、この歌の味わいは分かりません」という小林の説明に、若者たちもはたと思い当たるふしがあっただろう。

「大和心」もむずかしい言葉であるが、小林は明快に意味を解きほぐす。大和心も大和魂も平安朝の文学に現れた言葉でありながら、何故か江戸時代まで誰も使うのを止めてしまった。『源氏物語』の大和魂は、「才《ざえ》」つまり学問とは違う生活の知恵を指したのである。生きた知恵や常識をもつのが大和魂のあるということなのだ。若者はこの解釈を聞いてさぞ驚いたことだろう。漢文の学問ばかりやって「才」ばかり身につける、すると人間性の機微に疎く柔軟な知恵すなわち大和魂がなくなる。宣長は、漢文の学問にかまけて、大和心をなくしてしまった日本人の心性を論じたのである。小林は、大和心をなくしてしまうように、日本人は学問せざるをえなかったと看破する。これが日本の一つの宿命なのだ、と宣長の心中を推し量りながら、外から入ってくる漢文の学問と苦闘せざるをえなかった「非常に苦しい国民」こそ日本人だったと指摘する。

小林の高級な指摘を読むと、昨今のハーバード大学のX教授が日本の若者相手に低俗な人生論を「講義」や「対話」と称して展開する風景がうすら寒く感じられてきた。日本の歴史も日本人の文化的な苦悩の本質も理解できずに、日本の若者に何を語るというのだろうか。本書で出てくる学生たちは、小林相手に歴史とは何かについて鋭い質問を繰り返す。「まごころ」と「やまとごころ」の違い、クローチェや柳田國男から『増鏡』『今鏡』まで広がる小林と学生たちの誠実な対話から浮かび上がる情景は、先のX教授のような一部メディアの虚像に乗った軽薄な議論とは決定的に違う。日本人がともかく得た自前の文明批評家の一人に、本書を通して接することで、真贋を見極める目を持つのは学生たち自身の課題でもある。

日本政治学のルーツを描く小説

佐藤雅美『知の巨人　荻生徂徠伝』（角川書店）

日本人のように、漢文と中国語の二通りの読み方で隣国の文明語を学ぶ国民は珍しい。漢文式の読み下し文は一度日本人の頭脳を濾過するので、中国人の思考の様式や特徴を忠実に理解したことにならない。日本語の音による読み方を止めて、中国人と同じ発音で上から下へ読む方式を学問に取り入れた人物こそ、本書の主人公荻生徂徠なのだ。

佐藤雅美氏は、徂徠の父が将軍になる前の徳川綱吉の勘気に触れ浪人となったあたりから、徂徠が柳沢吉保の顧問となり、孔子や孟子など先哲の学問に戻る古文辞学の完成を図る顛末を小説として興味深く描く。ことに、将軍吉宗に折に触れて出した意見書や政治学の古典『政談』の成立の背景を細やかに叙述する。テーマと主人公は地味ながら、江戸時代史の理解に欠かせない素材を読者に分かりやすく説き明かした努力は多としたい。

徂徠といえば、学者中の学者、天才中の天才といってもよいが、意外なことに、お人好しと素直な人間的な面も浮かび上がる。学説の対立する伊藤仁斎に虚心に出した手紙を、仁斎に屈服したかのように歪めて文集に収める息子の伊藤東涯にしてやられる。古文辞学派が学問の主流になると信じていた徂徠は、その学の普及を誰かが邪魔しているから流行らないと思い込む。そして、その元凶を六代将軍家宣の政治顧問新井白石のせいだと憎む。彼を「文盲」と決めつけ、『政談』でも感情的な批判を隠さない。徂徠には、天才的な学者と人間的な俗人ぶりが不思議なほど前向きに同居していたのだ。弟子はむやみに多いというわけではないにせよ、面倒見のよい徂徠の下に優秀な門人が集ったのも不思議はない。このあたりの事情も魅力的に素描される。

綱吉は欠点があっても、学識にすぐれた将軍であり、徂徠の資質を認めていた。しかし、さして学才があるとは思えぬ八代将軍吉宗が徂徠を評価したのは面白い。吉宗は、徂徠の『弁道』や『弁名』といった難解な書にとにかく取り組み、彼の学識を税金融政策などの行政に生かそうとする。徂徠が白石と違うのは、吉宗が一〇〇〇石くらいの直参旗本に取り立てようとしても辞退した点である。綱吉死後に失脚した柳沢吉保から五〇〇石の扶持を貰っているからだというのだ。このあたりの義理堅さや人間味をきちんと描いた徂徠伝は、日本政治学のルーツを知り、現実の日本政治の参考となる格好の書物として、多数の人びとに勧めたい小説である。

明治天皇が溜め込み続けたストレス

大谷正『日清戦争』(中公新書)

日清戦争と呼ばれる歴史的事件は、三つの戦闘の複合戦争である。著者によれば、朝鮮との戦争、中国(清)との戦争、そして台湾の漢族系住民との戦争という相手国や地域の異なる複雑な戦争なのだった。

戦争の始まりは、一八九四年の朝鮮王宮攻撃であるが、下関講和条約を結んでも終了せず、朝鮮や台湾の住民との戦闘が続いたのである。「終期の曖昧な戦争」という表現は要を得ている。また、戦争を決断した者として、川上操六参謀次長と陸奥宗光外相の存在が強調されがちだが、やはり伊藤博文首相の責任が重いという見解を示すことも忘れない。

重要なのは、大本営の戦争指導が必ずしも徹底しなかったことだ。第三師団長桂太郎は、陸軍省にあって軍政の整理を行い、命令の上意下達を図っていたにもかかわらず、いざ指揮官として戦場に臨むと大本営を無視し「度重なる暴走」ぶりを見せた。第五師団長野津道貫の平壌独断攻撃も同じである。

著者は、この点を昭和陸軍の統帥の乱れと関連づけて議論していないが、陸軍の下剋上的気運や現場の暴走は帝国陸軍の宿痾だったのだろう。

明治天皇は戦争に不本意だったらしい。開戦奉告祭も式部長に代行させた。先祖から継承した帝位と国家を危うくする対外冒険策を嫌ったのである。壮年天皇として明確な意志をもつ統治者として、「大臣の戦争」を批判した点も指摘される。著者は、天皇が単なる平和主義者でなく怒りも一時的なものだったと考える。他方、戦争が「大きな心の負担」であり、「戦争中に大きなストレスを溜め込んでいた」とも述べる。

統帥の最高権者として、明治天皇の心中は相当に複雑だったのではないだろうか。天皇は、単純な軍国主義者でもなかったはずだ。一読後、むしろ立憲君主国家元首の政治意志を統帥権と如何に調和させるのかという解決困難な問題を、天皇に深く自覚させた事件こそ日清戦争だったのではないかという感を抱いたものだ。

吉野文六、異能の作家との対話

佐藤優『私が最も尊敬する外交官』（講談社）

改めて「外交ハ人ナリ」と痛感させられた。本書は、戦前にベルリンの大使館で第三帝国の崩壊を見届けた歴史の証言者と、外交と諜報の交差する領域で活動しながら国策捜査で失脚した異能の作家との対話でもある。外務審議官や西独大使になった吉野文六氏は、アメリカ局長の時に携わった沖縄返還密約問題に関連して、自らの署名が入った文書が出ると潔く自分のものだと認めた。表紙の写真を見ても独特な風格と気迫が漂っている。その隣で大先輩外交官への敬意が滲み出る佐藤氏の神妙な表情も好ましい。佐藤氏は、歴史知識と情報感覚を駆使しながら吉野氏から、アメリカ経由でドイツに赴任しシベリア経由で帰国するまでの青年外交官の仕事と生活の模様をリアルに引き出した。九六歳の吉野氏の記憶力には驚くばかりだ。

外務省の閥から自由だった吉野氏は、人物や事象について距離感をもって見ることができた。ドイツ大使の大島浩のように、ドイツの最終勝利を根拠もなく信じ、戦争末期に首都を去って温泉地保養にうつつをぬかす人物にも冷静な描写を忘れない。自分に旅先まで酒とつまみをもってこいと言われても、「何かの巡り合わせだ。なるようにしかならない」と心でつぶやくのであった。陸海軍の武官たちについては、ドイツ降伏の最終段階が近づくと在留邦人の保護や統率に当たるわけでもなく、「ある意味で外交官よりもっと邪魔なんですよ」と語る。陸大や海大を優等で卒業した秀才たちの限界は、学生時代からアンビションや学歴にこだわらず人物本位で評価した吉野氏にはよく見えていたのだろう。

事実、氏の人物月旦も興味深い。三国同盟や日ソ中立条約の立役者、松岡洋右が威張らず、新米外交官にも隔たりを感じさせずに話しかける率直な人物だったのは意外なほどだ。その気さくな人間性に吉野氏は今でも親しみをもっている。「外交官というのは辛い商売だ」「ともかく仕事のためにはなんでもしなきゃいかん」と松岡が吉野氏に語った言葉は、いくら消そうとしても消えないほどの印象を残した。それと比べると、日米開戦の通告が遅れた在ワシントン大使館の野村吉三郎大使や奥村勝蔵書記官（戦後事務次官）については、淡々とした表現に終始する。「当時のワシントンの外交官は、アメリカに行ってアメリカ式の生活様式をエンジョイしているように感じましたね」と。これでは電報が来ても一日くらい置いといたって大丈夫だよ、という感覚で電信に対処していたんだろう、と辛口も忘れない。

ロシア語畑の佐藤氏は、ハルビンの宮川舩夫総領事に対する吉野氏の高い評価を引き出した。ソ連の対日参戦切迫を本国に知らせながら握りつぶされ、戦後はスパイ容疑でソ連の獄中で非業の死を遂げる伝説上の外交官である。最優秀でありながら、入省時にキャリアでないという理由から、生涯差を付けられる不条理に、吉野氏と佐藤氏は憤るかのようだ。シベリア鉄道の車両では三日目くらいから独特な臭さが出るのは何故かといった類の話になると、佐藤氏の独壇場である。ニンニクの酢漬けと生のネギを食べ、豚の脂身をつまみにウォトカを飲むとどうなるか。吉野氏が「ハハハ。なるほど。それはそうでしょうねぇ」と応じながら、帰国は日本人だけの車両だったから、そういうことはなかった、とユーモラスに応じる。万事につけて吉野氏の余裕のある人柄を浮き彫りにした証言の書といえよう。

危険を回避する本能的嗅覚

御用学者や御用学問という言葉がある。通俗的に言えば、お上の意にかなう言説を進んで示し権力者の機嫌を損なわずに、政治の機微に通じた政策を正当化する学者や学問ということになろう。しかし、林羅山以来、徳川幕府に仕えた朱子学者の林家の歴史を見ると、御用学者の意味合いもなかなかに単純なものではない。もともと林家の学問には、言説において公私を使い分けるところがあった。羅山、鵞峰、鳳岡《ほうこう》三代に共通するこの個性が端的に出たのは、赤穂義士事件の時である。かれらの切腹に際して、老中列座の席で鳳岡は四十六士の助命を願い幕府の裁定を否定するかのような詩文を披露した。老中秋元但馬守が不穏当としてなじったのも当然だろう。ところが、鳳岡は、四十六士切腹後に書いた『復讐論』では、天下の法に背いた罪は免れず、死罪が相当だと弁じたのである。

揖斐高著『江戸幕府と儒学者』(中公新書)は、この違いを私言と公言のズレとして考える。後者だけなら権力に迎合、阿諛追従し保身に趨《はし》る御用学者と言われても仕方がない。しかし彼は、義士忠義の行動を讃嘆し、死を惜しんだのも事実なのである。鳳岡個人は、徳義を重視する朱子学者として、義士の振舞いを武士のあるべき姿として高く評価したのである。とはいえ、その忠義の行動とは、現実には武装した浪人が徒党を組んで幕府直参の高家邸宅を襲撃するという法秩序への挑戦に他ならなかった。政府の高官たる林家の当主は、徳義だけで犯罪を正当化できるほど甘くては勤まらなかった。

揖斐氏は、幕府が切腹決定の事前に鳳岡の意見を徴していたと推測するが、私論をわざわざ披露した当人の積極的な動機については十分に語っていない。現代人の感覚でいえば、公の政策決定に参与しながら、後世の審判を意識する結果として、いつも林家は公私両論を併用して危険を回避し非難を分散させる本能的嗅覚が鋭かったのではないかとも思うが、いかがだろうか。新井白石が六代家宣、七代家継に仕えて林家の学と鳳岡を論難したのは、学者としてはいつも逃げを打っているかに見えた林家の安全第一の学風と肌合いが違っていたからかもしれない。

白石が博覧強記で論理性を武器に相手を圧倒する学者だったことはよく知られているが、彼には政治に託する理想やそれを実現する使命感が強烈にあった、これに対して、鳳岡ひいては林家の学問にはそのような気迫が感じられない。著者は、「質樸で沈重な性格の鳳岡は瞬発力に欠ける」と語り、白石と互角に渡り合えなかったとする。二人の論争の光景が浮かびあがるようだ。それでも、鳳岡は同時代の白石はもとより室鳩巣や荻生徂徠と並び称せられる学者として相応の評価を得ていたというのだ。父や祖父に及ばないという定評のある鳳岡でもそうだとすれば、林家の学問をあまり見くびらないほうがよいというのが著者の穏当な見方なのだろう。いつの時代も恵まれた境遇にいるからといって、誰それは御用学者だと無闇に罵れば済むものでないことを教えてくれる書物である。

さて、人間の営む大事業の指導で軍事作戦の指揮ほど難しいものはない。今年で勃発一〇〇年を迎えた第一次世界大戦は、人間の限界を初めて教えてくれた現代史最初の大戦争であった。アンリ・イスラン著『第一次世界大戦の終焉』（渡辺格訳、中央公論新社）は、フランス人の目から一九一八年春のドイツ軍大攻勢の賭けと破綻を描いた作品である。高級指揮官は、不確実な情報しか保有せぬままに、多数の兵士の生命や国運のかかる決断をしなくてはならなかった。そこには、しばしば矛盾する資質の兼備も要求される。明敏さ、強靭な性格、安定した精神状態、進んで決定を行う気概。フランスのペタンやフォッシュは、こうした資質にまず恵まれていた。とはいえ、連合国全体を見渡す時、フランス軍の総責任者に要求されるのは、ペタンのような狭量な性格や温かみのない手法でなく、幅の広い寛容さや党派性の排除で知られたフォッシュの融和の精神だったというのは正しい。それでも、フォッシュの全般的な考察と、その命令の実施者との間には、命令を下す仲介者の存在が必要であり、優れた戦術家だった組織者ペタンがその役割を演じたというのだ。

作戦に冷静ながら集中できる参謀総監ルーデンドルフには、皇帝にその権威や誇りを感じさせ劣等感を抱かせるほどの威厳溢れる雰囲気があった。西部戦線では局地的に敗北を実感したこともあるルーデンドルフに、休戦と和平を決意させるモメントはむしろ外からやって来た。それは、一九一八年九月のブルガリアの降伏であった。即時和平の必要性を説くルーデンドルフに対して、皇帝が全体的状況を反対の方向から検討せず、総監の的確な見解と見通しを無視したことはドイツ敗戦の悲劇を大きなものとした。西部戦線だけを見ればまだ絶望的とはいえなかったにせよ、バルカンと中東でほころびを見せたドイツの戦局を政治的な大局観で捉える視点こそ皇帝に必要だったのに、その観点が欠けていたのだ。軍人を素材にしたリーダーシップ論としても読める本である。

歴史全体を俯瞰する意義

『昭和天皇実録』（東京書籍）

『昭和天皇実録』が完成した。目次・凡例を含めて全六一冊、一万二〇〇〇ページの分量を誇る。『日本書紀』から『日本三代実録』に至る六国史《りっこくし》の伝統を受け継ぎながら、『明治天皇紀』はじめ近代の天皇実録の叙述様式を継承した編年体史である。一九九〇（平成二）年から編修作業に携わってきた宮内庁書陵部の労を多としたい。

二つの大戦と冷戦を経験し、二つの憲法で君主と象徴であった昭和天皇は、年号では六四年の長きにわたって在位した。その実録は、日本史だけでなく世界史の研究でも重要な史料になるだろう。

実録は、一九〇一（明治三四）年の昭和天皇の誕生から八九（昭和六四）年の崩御まで八七年間を記述する。凡例によれば、第一に天皇に関する事項を「ありのまま」に叙述し、第二に皇室全般や政治・社会・文化・外交についても天皇の関わりを中心に記している。叙述にあたり、侍従日誌や内舎人《うどねり》日誌をはじめお手元文書などの史料三一五二点に依拠し、うち新発見の史料は約四〇点である。幼少期の手紙・作文や鼻の手術の詳細、二・二六事件をめぐる重臣の動き、戦時中の伊勢神宮参拝で奏した御告文《おつげぶみ》、終戦の御前会議の日時、新たな拝聴録の存在など、新事実も紹介されている。

叙述スタイルは、昭和天皇一代の歴史を扱う点で、一つの王朝について記す断代史に分類できよう。昭和天皇を「主語」とし、起こった事を時系列に沿って記録する編年体を採用している。編年体は、中国の『春秋』に始まり、日本書紀などの正史や『水鏡』『増鏡』が歴史を描く方法として採用したものである。トゥキジデスの「ペロポネソス戦争史」も基本的に編年体といえるだろう。

一般に編年体史は、扱う史実に価値の優劣や判断をつけずに、年代順に幾らでも事象を記述できる反面、因果関係をもつ歴史事象が年月日など時間の順序に規制され、ばらばらに裁断されて叙述されがちである。事象の間にある関連やその意味を見失い、歴史の全体像を理解できない危険性も出てくる。これは、年代記から発展した編年体史の欠点かもしれない（稲葉一郎『中国史学史の研究』）。

そこで実録は、特定の出来事について、その顚末《てんまつ》を一カ所にまとめて叙述する紀事本末体に類似した形式も併用した。紀事本末体とは、南宋の歴史家の袁枢《えんすう》による『通鑑紀事本末《つがんきじほんまつ》』に由来する言葉である。袁枢は、編年体史の代表作品、司馬光の『資治通鑑《しじつがん》』の内容から共通の事象として重要な項目を、時間の隔たりと関係なく抜き出し、歴史の全体性を俯瞰《ふかん》できるように工夫したのである。

日米関係を左右するロビー活動

ケント・E・カルダー『ワシントンの中のアジア
――グローバル政治都市での攻防』（中央公論新社）

大方の日本人にとって、アメリカを代表する街といえばニューヨークを思い描くに違いない。現実に、東京の姉妹都市はニューヨークなのである。経済金融や通商貿易の面でアメリカとの関係を築いてきた日本人は、ワシントンを政治の首都くらいに考えてきた。しかし、今の日米関係はワシントンの議会とそれをとりまくロビー活動で決まる。この決定的な事実を教えてくれる本である。

日本の官民によるワシントンでの活動を韓国や中国と比べるなら、恥ずかしいというのがカルダー氏の書物から受ける印象である。議会の公開聴聞会などで注目される国は、中韓に次いで、日本は三番目にすぎない。上下両院合同会議でも、各国指導者の演説回数は、イスラエルの八回は別にしても、韓国は六回も数えている。日本は、一九六〇年の安保条約改訂批准の前後に、池田勇人首相と岸信介首相が米議会の一部で演説しただけだというのだ。これでは「従軍慰安婦」や歴史認識をめぐる外交ゲームでも韓国の後塵を拝するのは当然であった。ロビー活動で使う中国の支出は、二〇〇七年から一二年の間に三倍以上も増加し、韓国も二倍以上に増加している。反対に、日本の支出は民主党政権下で減少する始末であった。グローバル政治都市としてのワシントンの意味を知っている中韓と日本の政治家の認識の差はひどすぎる。

カルダー氏も指摘するように、日本の政治家の中にはワシントンの大使館員を視察や観光のアテンドに使う人も少なくない。これも日本の外交活動を低下させる理由になっている。そもそも、議員外交を語りながら、議会に自分たちの利害を間接的に働きかける能力をもつ政治家は一部でしかない。他方、中国は、日本と違ってニューヨークよりもワシントンを重視する。これは政策決定の中心がどこにあるのかという点を見定めれば当然の選択であろう。

そのうえで、カルダー氏は日本政府と民間セクターに三点を提言する。

第一に、ワシントンでの環境作りを優先すること。日本人は本国での昇進や退職後の人生を気にしすぎる。東京でなく、ワシントンはじめアメリカ国内で発生した事案への対応をもっと優先すべきである。

第二に、大使館に中心的な役割を与え、現地の裁量権を大幅に認めること。長期的な戦略を立て、政策の一貫性を図るためにグローバル政治都市としてのワシントンに勤務する人間たちを重用すべきなのだ。

第三に、日常から米議員と個人的な信頼関係を築くことがますます必要である。

いまの日韓日中関係はアメリカも巻き込む形になっている。各界の日本人は、ワシントンにおける広報ロビー活動の重要性を提言する本書の主張に謙虚に耳を傾けるべきだろう。

俳諧師にして草紙作者

朝井まかて『阿蘭陀西鶴』（講談社）

井原西鶴は一代にして、俳諧師ならびに草紙作者として名を挙げた人物である。朝井まかてさんは、矢数俳諧という通し矢もどきの徹宵の発句に挑戦した西鶴の遊び心と、『好色一代男』に始まる近世文学の名品の枠を二つながらに描くことに成功した。浪速言葉をふんだんにちりばめた文章の躍動性だけでなく、生活や創作の場それに芝居小屋などを生き生きとさせる登場人物の素描も素晴らしい。なかでも、小説の大きな筋として、目の不自由な娘おあいと父西鶴との親子の情愛が多面的に描かれる。亡母にしつけられた歩の数え方で家の中を自由に動けるおあいは、職人はだしの出汁をつくり煮物や焼物を料理する名人でもある。娘をさりげなく海に連れ出し、磯の香りや砂の感触を経験させた。家の垣根に昼顔を咲かせるおあいの感性は、父の豊かなイマジネーションにも通じるところがある。

父は娘のために昼顔を飾彫りにした高価な杖をあしらえ、乏しい稿料を使い果たす。娘に字も教え、おあいも呑みこみがよく父の仕事を介助するのだ。おあいに不思議な好意を寄せる美形おやまの辰弥が西鶴親子の見物する面前で発する即興の台詞、放蕩の限りを尽くして家産を傾けて野垂れ死した椀久の生き様は、いずれも西鶴の草紙を名作に仕上げる原動力となった。徳川五代将軍綱吉の時代に生きた西鶴は、好色や奢侈や消費を描いた作者であり、しばしば版元は作品の刊行におじけづく。なにしろ、実母に護国寺を献呈した公方を「ある種の放蕩者やで。孝行放蕩」と言って憚らず、将軍の娘可愛さや真面目さを傍迷惑だの親馬鹿だのと罵倒する光景は、御府内の江戸人なら考えられない。浪速者の心意気や町人文化を巧みに表現する朝井さんの筆は、独特なリズム感に溢れており、とにかく読んでいて痛快なのだ。西鶴の一の門人団水と女中お玉との言葉の掛け合いや、料理中のお玉がおあいにこぼす愚痴や不平の数々は、上方言葉ならではの迫力である。

それにしても、いくら版を重ねても西鶴の手元に入るのは初版の稿料だけという有様では貧乏暇なしで、元禄四年（一六九一）のように、大晦日は親子で一つの掻巻《かいまき》にくるまって息をひそめてやり過ごす。しつこい酒屋の掛取りの声を聴くと、まるで『世間胸算用』の一光景が浮かび上がってくるようだ。西鶴は大尽の富貴だけを描いたのではない。むしろ晩年は、裏店に住む貧乏人の身過ぎ世過ぎを描くことで色々な悲喜こもごもの人間模様を描こうとしたのだ。これこそ父の真骨頂と満足しながら、おあいは父に先立つこと一年前、『世間胸算用』が世に出た年に亡くなった。盲《めしい》の娘おあいの法名が光含心照信女という最後のくだりは、涙ながらに読者の感動を深く誘うだろう。

歴代総理や閣僚に対する遠慮なき論評

佐々淳行『私を通りすぎた政治家たち』（文藝春秋）

体調が万全でない佐々淳行氏が、これだけは書いておくという気迫でまとめた政治家のリーダーシップ論である。遠慮がない人物月旦には驚かされる。

小泉純一郎氏は「空き交番」の問題を解決して地域の治安をきちんと守ろうとした点から、国家安全保障にいたるまで幅広く国と国民の安全を考えた「ステーツマン」として評価が高い。「在任中ろくなことをしていない三木武夫」「私用を諌めると怒り出した加藤紘一」などは、見出しだけで内容が想像できるだろう。

加藤氏が夜の宴会の掛け持ちに大臣公用車を使うために、運転手が疲労で事故を起こしそうになった話には驚く。護衛官（ＳＰ）を平気でゴルフコースに連れていき、普通の靴でグリーンを歩くのでゴルフ場から抗議が出たというのだ。

防衛庁長官として知りえた情報を特定の新聞に流し、「好き嫌いによる人事」をした例も示される。登庁して一番先に円ドルの為替レートを聞き、ドル買いとドル預金をしていた時期もあった人らしい。加藤氏は防衛庁長官失格で「つまるところはポリティシャン」だという厳しい評価である。

異常なくらいの官僚嫌いの小沢一郎氏、「本当にいい人なんだなぁ」と感心する小渕恵三氏、人びとの能力評価と人心収攬術にたけた竹下登氏の比較は本当に面白い。「怒鳴ったり威張ったりする人で、非常に無作法でもあった」と形容する小沢氏を、よくよく嫌いなのだろう。

立場や思想が違っても評価できる人が世の中には必ずいると指摘する公平さも忘れない。共産党の上田耕一郎氏や不破哲三氏は、首尾一貫した主張やメリハリの効いた言動で評価されるようだ。

二人のところで否定的に引き合いに出されるのは菅直人氏や加藤紘一氏だ。ステーツマンとして評価される安倍晋三首相に〝私利私欲〟はないというのは、正鵠を射ているのだろう。また、民主党では前原誠司氏、松原仁氏、長島昭久氏がステーツマンになると期待している。「最後の手記」とは言わずに、これからも警世の書をどしどし書いて欲しいものだ。

イスラーム知識人の目から認識の逆転を図る

パンカジ・ミシュラ『アジア再興——帝国主義に挑んだ志士たち』（園部哲訳、白水社）

アジアの繁栄と自己主張を当然と考える若い世代にとって、先人たちが長い間、屈辱と忍耐を強いられていた事実は想像もできないほどだ。しかし、一九〇五年の日露戦争で日本が勝利するまで、アジアは西洋の作った人種の序列のなかで低い地位に甘んじてきた。

本書は、中国やインドやイスラーム世界の知識人の目を通して、歴史認識の逆転を図る試みである。素材として使うのは、ガンジーや孫文といった超大物でなく、アフガーニーや梁啓超といった地味な遊歴の活動家である。一九世紀の中東とインドで活躍したムスリムのアフガーニーや梁は、自らの弱さと退廃を国際的な宣伝や民族解放運動ひいては国家の具体的な建設のプログラムに変えていった先駆者たちである。本書は、かれらが抱いていた宗教信仰への保守的な信念、文化的自信に基づき西洋技術を否定する考え、旧式の生活を根本的に変える意志などを分析しながら、西洋の誘惑の拒否と新たな世界観を描いた。

アフガーニーは英国こそインドを文明化したという傲慢な思い込みに反論し、梁啓超は米国の資本主義と民主主義が退廃の極にあると批判した。本書は、かれらがこの結論に至る血の滲むような努力を伝記的な関心を交えて明らかにする。確かに、かれらの営為は西洋の強欲な支配や執拗な挑戦への回答であったが、アフガーニーをウサマ・ビン・ラディンに結びつけ、共産主義以前の中国を共産党支配下の資本主義中国に結び付ける見方にはあまり感心しない。先駆者たちが手探りで激動に身をさらした苦悩の経験と、無差別集団テロに走るアルカイダの幻想を一緒にすることはむずかしいからだ。

しかし、インドと中国数十億の消費者が欧米人と同水準の生活様式を享受したいという願いを、アルカイダが夢見た「危険なファンタジー」と同じほど愚劣で危険だと言い切る著者の考えに賛成する人も多いだろう。現代を新鮮な構図で理解する上で貴重な問題提起を含む書である。

形となるプロセスの手がかり

最近しきりに「イスラーム国」の名がメディアを賑わせている。日本人が拉致されたばかりでなく、「戦士」としてイスラーム国に参加しようとして逮捕された若者まで現れた。イスラーム国はテロ組織には違いないが、シリアとイラクのかなりの部分を支配し、カリフ国家を自称する統治主体でもある。もちろん、アラブやイスラームのどの国家にも承認されていない。このイスラーム国の問題を考える上でも、廣瀬陽子氏の最新著『未承認国家と覇権なき世界』（NHKブックス）はまことに興味深い。

廣瀬氏によれば、二〇一四年は、「ポスト・冷戦期の終わり」として、国際政治における大きな転換点に他ならない。現代世界では、圧倒的な覇権国が消滅し、地域主義が高まる一方、政治リアリズムの観点からとらえれば多極化による不安定化が進んでいる。こうして不安定化した世界を説くカギが未承認国家の存在である。未承認国家とは、主権国家としての宣言をしながらも、国際的に国家承認を得ていない国のことである。これは時に国際政治の既存概念を揺るがすだけでなく、国際的な平和を脅かす存在でもある。多くの場合、国際政治と国際法のグレーゾーンで厄介な存在となる未承認国家は、ソ連とユーゴスラビアの解体後に黒海沿岸で生まれた国が多い。グルジアに属していたアブハジア共和国と南オセチア共和国、アゼルバイジャンに属していたナゴルノ・カラバフ共和国、モルドヴァに付属していた沿ドニエストル・モルドヴァ共和国、セルビアの一部だったコソヴォ共和国などがそうである。ソマリアから分離したソマリランド共和国、キプロスから離れた北キプロス・トルコ共和国なども未承認国家のカテゴリーに入る。

未承認国家をめぐる難問は、その域内で国際法が適用できない無法地帯がしばしば出現し、危険な真空地帯となることだと著者はいう。未承認国家内部の紛争や、それと法的親国との武力衝突が頻繁に起こるだけでなく、二〇〇八年のグルジア紛争に見られるように戦争に発展する可能性や戦禍の拡大を招く事例も多い。それでも、これまでは未承認国家の問題については、「共同国家」のプランなどで解決が模索された事例もある。セルビアとモンテネグロ、ナゴルノ・カラバフとアゼルバイジャンが「同等」のステータスで連邦を組むアイデアである。これは最高度の自治獲得よりはレベルが高く、独立よりは劣るステータスに他ならない。しかし、こうした共同国家案は民族共存を前提としており、適切な権力の分有を可能にする民主化と不即不離の関係にある。著者も言うように、「多極共存型民主主義」は未承認国家の場合になかなか成功しがたいのだ。そして、民主化の程度が著しく低い民族紛争を抱えた地域では民族問題の解決が難しいのはこれまでも証明されている。だとすれば、未承認国イスラーム国のように国民国家の境界や既存の国際法の枠組みをはなから否定する存在は、未承認国家に準じる事例、或いは新しい経験として、今後の分析対象としなくてはならないだろう。著者の視角はその手がかりになる。

中村彰彦氏の『会津の怪談』（廣済堂出版）は、会津藩はじめ各地の大名家中にまつわる亡霊や怨霊の伝承を素材に七つの短編小説を収めている。男女間の微妙な色模様にも触れる中村彰彦氏の描写技巧も冴えわたる。なかでも、「亡霊お花」は、会津四〇万石の大封を継いだ加藤明成とその重臣堀主水との確執に色好みの側室お花の密通をからめた作品として読者の心をとらえる。お花の残虐な成敗はめぐりめぐって、主君に背いた咎で陰惨な刑罰を主水が受ける因果応報につながるのだ。明成も家臣の統制がとれぬ不始末の責任をとって幕府から改易の憂き目に遭う。中村氏は、「春秋の筆法をもってすれば、加藤家はその家老が好色な女房を屋敷に引き入れたことから呆気なく衰亡した、といえようか」と結ぶのである。

「かわ姥物語」は、加賀藩主の前田利常に嫁いだ徳川二代将軍秀忠の次女お珠の方にまつわる怨霊譚である。お珠は夫の利常との間に三男五女を生んだほど仲睦まじい関係に満足していた。ところが江戸から御付きで金沢にやってきた「お局さま」は懇ろな夫婦仲を快く思わず、ことあるごとに二人の間を引き裂こうとした。幕府にとって加賀前田家は潜在的な敵であり、心をたやすく許すべきでないというのだろう。挙句の果てに、お珠の方は心労のあまり病死してしまった。収まらないのは利常である。この因業な局に対して生半可でない報復に出る。それが桶に酒を注いで毒蛇を集めて責め殺す罰であった。ところが、その死後、城中で利常とお珠との間に生まれた子供たちは、厠にいくたびに「姥《うば》」こと局の幽霊に遭ったと怯えるようになった。「また、かわ姥がいた」というわけである。

この呪いを解くには、利常の孫綱紀の代を待たねばならなかった。さすがに教養と学識で知られた綱紀は、周到な仕掛けと配慮で「お局さま」の怨霊を退散させることに成功する。その顚末は、興を削ぐので本文に譲ることにする。

会津藩ゆかりの地に残る伝承や怪談を、史実に基づき小説に仕立てた怪談短編集は著者最初の試みのようだ。歴史考証と機知にあふれた地方色も豊かな怪談文学につながる他の作品、「恋の重荷 白河栄華の夢」「晋州城の義妓」「思い出かんざし」「骸骨侍」「名君と振袖火事」も収録されている。

寛容なるロシアの極東政策

ディビッド・ウルフ『ハルビン駅へ――日露中・交錯するロシア満州の近代史』（半谷史郎訳、講談社）

ロシアではハルビン研究が一種のブームらしい。ソ連消滅後のロシア人の自分探しや、ロシア人富豪亡命者の寄付などを当て込んでいるようだ。著者は、片田舎のハルビンの出来事が満州ひいては世界の関心事に拡大していった事実を強調する。確かに、ハルビンという名には、日露中の三国対立の狭間にありながら、戦略的な寛容さが発揮された良き時代の響きがある。そこにはコスモポリタンな民族共存の可能性があったのかもしれない。それにしても、地域の発展が「ハルビン駅から」始まったと言うアメリカ人研究者の思い入れは、どこから来るのだろうか。

それはおそらく、アメリカ人が満州で手を汚しておらず、英語の副題が示唆するように、アメリカ人が自由や自由主義の価値について安心して語れると信じているからだろう。場所が中東のベイルートやイスタンブールなら、アメリカ人はこうはいかない。他方著者は、満鉄や東清鉄道に野心を抱いたアメリカの鉄道王ハリマンには関心を持たないようだ。

興味深いのは、ロシア人が開発した満州とハルビンの魅力をこわした元凶が日本だという著者の見方である。「ロシア人が自制し、中国人も遠慮したのに、日本人は寛容さに欠けた」というのだ。著者は、まえがきで日露関係の叙述に冷淡なケンブリッジ版『ロシア史』と『日本史』の単純さに皮肉を浴びせるが、日本人の登場がハルビンに暮らしていた他民族の生活を悪化させたという指摘も、歴史を直線的かつ単線的に考えるきらいがある。ハルビンの多民族的な〝魅力〟の根拠には、日本人の到来は入ってこないのだろうか。しかし、日本人の存在そのものが悪というより、その登場に孕まれていた両義性や二律背反性こそ、悪を含めた歴史の屈曲した進路や複雑性を解く手がかりであり、ハルビンが帝国主義の残照となる根拠になったのではないか。とはいえ、著者の教養と知識に多くを学べる作品であることは間違いない。

ユマニストというより政治リアリスト

アントワーヌ・コンパニョン『寝るまえ5分のモンテーニュ――「エセー」入門』（山上浩嗣・宮下志朗訳、白水社）

この本は、一六世紀に出されたモンテーニュの随筆集『エセー』の読み方として、やや邪道な方法を採っている。フランスの正統的な知識人にとって、エセーから短文の形で伝統的な教訓を抜き出してくるのは御法度だったらしい。フランス人らしいエスプリになじまないと言いたいのだろう。

しかし著者は、あえて数行の文章を四〇ほど選んで、その歴史的な意味を現代の文脈で解説してくれる。この親切な試みで、仕事の合間でも、四ページに凝縮された文明論や人生論の知恵を日本人も簡単に学べるのはありがたい。

改めて痛感したのは、宗教戦争という内乱の時代に生きていただけに、モンテーニュが戦争と平和との関係に幻想を抱かなかった怜悧さである。著者は「戦争と平和」の節で、モンテーニュが戦時でもいかに自らの自由を確保し、いかに平和を見出すかについて説いたと語る。

本書でモンテーニュに初めて接する人は、彼がペンは剣より強しと考えたこともなく、人間が説得力によって交渉することで平和が実現できることにも懐疑的だった点を知り驚くかもしれない。

モンテーニュは、古代ローマのキケロと違って言葉や弁論術に不信感を抱いていた。雄弁のアテナイよりも行動のスパルタの方を好んだのだ。トルコも古代ローマも武力を尊び学芸を軽んじる点で似ていた。著者は、「ローマ人」の節で、国家の強さが文化の発展と反比例し、「学問にかまけるような国家は滅亡に瀕する」ことをモンテーニュが示したと力説する。

本書で浮かび上がるモンテーニュの実像は、ユマニストというよりも政治リアリストの怜悧な姿である。

それなのに、キャベツを植えている時に死が迎えに来てほしいとぐずぐず語るあたりに（「目的と終わり」の節）、日常生活から政治外交や戦争を平気で横断する思索の広がりと魅力を感じるのである。人を食った書名だが、エセー入門として最適の本と言うべきだろう。

薩摩切子のペアグラス

　私には、これといって物の珍重癖や蒐集癖がない。わずかに興味があるのは、機会があれば切子を買い求めるくらいだろうか。薩摩切子も江戸切子もそれぞれ味わいがあり、どちらも好きである。江戸切子には無色透明のガラスに細工を施した楚々《そそ》嫋々《じょうじょう》たる可憐な雰囲気がある。他方、薩摩切子は種々の紋様の中に細かいカットを入れながら色被《き》せ（表面）に着色ガラス層を重ねた無骨な手触りが男ぶりを競ってきた南国の特産らしい。透け感のある江戸切子の盃は、大吟醸の冷酒を飲むのにふさわしい。他方、薩摩切子にいちばんマッチする酒類は、私の趣味でいえば断然シャンパンである。シャンパンの泡は、削られた切子の面に現れる「ぼかし」でますます複雑な輝きを増す。分厚い色ガラスの層が下へ行くほどに薄くなってできた「ぼかし」と相まって、大きく深いカットがシャンパンを外光に反発させるのだ。私は、二〇一四年一一月中旬に出かけた中東四カ国（ドバイ、オマーン、ヨルダン、エジプト）でも仕事が終わると、この組み合わせの妙について、三菱商事の友人たちに自論を披露したものだ。

独特な分光がつくる薩摩切子の華やかさは、盃から脚付杯や馬上杯ともいうべき高さのあるグラスになると、ますます鮮やかになる。手元にある緑と紅の馬上杯は色被せガラスの一種であり、「島津磯斉彬竈」を擁する会社の工芸製品である。杯にはローマ字で慎ましやかにサインも刻まれているが、斉彬の集成館事業の正統的継承者が伝統を現代に適合させた新作・創作の一つである。

慶事に託して畏友・木村健一氏と紫津子夫人から贈られた品であり、まさに心の玉手箱というにふさわしい。それ以来、嬉しい時も悲しい時も、人恋しい時も独りでいたい時も、何かにつけて心と気分にはまる酒といえば、やはりシャンパンであろう。酒類をたしなまない荊妻もシャンパンだけは、少し楽しむことができる。

このデザインは、「矢来に魚子文《ななこもん》」というようだ。さながら、細かくカットされた面の輝く様子が魚の鱗《うろこ》のようであり、海面に光の輝きが及ぶ小魚の群来《くき》のようにも見えるからだろう。アラビア湾と紅海に縁のある四カ国でシャンパンを魚小文の切子で友人たちと一緒に味わえたら……。切子にまつわる私の夢である。

江戸時代の紳士録「武鑑」

「致仕」や「骸骨を乞う」という言葉がある。公職を辞することである。私も東京大学を辞めた後、致仕を許された気分で日がな一日武鑑《ぶかん》を眺めて暮らすことを楽しみにしていた。

武鑑とは、江戸時代に出版された大名や幕府役人の紳士録であり、当主の実名と官位・石高・俸禄・紋所・屋敷などを記していた。

私は東大退官の少し前に、思い切って東洋書林の『江戸幕府役職武鑑編年集成』（全六期）と『江戸幕府大名武鑑編年集成』（全三期）を全部購入した。各期には六巻ずつ収録されているから全部で五四巻となるが、さらに各巻には復刻した武鑑が入っているのだ。たとえば、五代将軍綱吉の時期に当たる『役職武鑑編年集成』四巻には武鑑一五冊、『大名武鑑編年集成』三巻には九冊分が復刻収録されている。一部の武鑑を省略している巻もある。

注文した時に、東洋書林の人が「まるでコンクリート・ブロックのようですよ」と表現したのは正しかった。六巻入った玉手箱ならぬ大箱をうっかり足元に落そうものなら、骨折しかねないほど痛い思いをするのはすでに経験済である。

役職の武鑑は幕府の人事録であり、各種の権限をもつ役人や御用達商人の人名や屋敷地が書かれている。

一部の江戸人は、武鑑と切絵図を参考に、進物や賄賂《まいない》を届けたと容易に想像もできる。また大名の武鑑は、紋所や槍印《やりじるし》を知ることで、参勤交代や登城行列を眺める物見高い江戸詰侍や町人の好奇心を満足させたに違いない。幕末に大老井伊直弼を暗殺した水戸浪士も武鑑を手に江戸不案内の侍の見物を装ったらしい。

私が武鑑に興味をもったのは、もちろん賄賂を贈る気分に浸りたかったからではない。切絵図と武鑑をセットに江戸市中の旧跡を訪ねて歩き回りたかったからだ。先日も、東大総合図書館で森鷗外の武鑑コレクションの一部を展示していたが、現物は懐中に入るほど小さく、むしろ復刻本で読む方が至便かもしれない。

ところで、武鑑への関心は専門のイスラーム史や中東政治とも関連しているのだが、野暮な話はまたの機会にしよう。

伊福部昭のアルバム

二〇一四年は、第一次世界大戦勃発から一〇〇年にあたる。同時に、私個人の関心は、伊福部昭の生誕から一世紀を迎えたことだ。

伊福部は映画「ゴジラ」の主題音楽作曲家として有名だが、初めは東京でなくボストンやパリで認められた独学の芸術家だったことを知る人は少ない。

「ゴジラ」は、代表作の一つ「ヴァイオリンと管弦楽のための協奏風狂詩曲」の一部からの転用である。私は、生誕百年記念アルバムのCD（キング・インターナショナル）に収録された前橋汀子さんの演奏を聞きながら、ラジオで伊福部の音楽に初めて接した時の背景を懐かしく想《おも》い出した。

伊福部の音楽を体系的に聞いたのは、一九八〇年代末から九〇年代初めにかけてのことだ。当時はFMなどで現代音楽の特集があれば必ず録音もしていた。「土俗的三連画」や「交響譚詩」を聞いた時の不思議な感動は、子ども時分に心に浸透していた「ゴジラ」の旋律に似た感覚を経験したからだろう。

むしろ伊福部が「ゴジラ」の作曲家だという事実を知ったのは後のことだ。松井秀喜選手が東京ドームに登場し「ゴジラ」が流されると、何故に伊福部の音楽が、と訝《いぶか》しく感じたのである。私の場合は、伊福部が多用した北方民族アイヌやニブヒの躍動感を思わせる独特な原人類や多民族のリズム感覚に惹《ひ》かれる方が最初であった。それは、私が当時しばしば発言を求められた民族やイスラームの問題への関心と重なる部分が多かったからだろう。

また驚いたのは、釧路の幣舞《ぬさまい》に生まれ音更《おとふけ》で育ち、北大林学実科を卒業し、林務官となった伊福部の経歴だけではない。彼と同世代の札幌の若者たちから、音楽評論家となる三浦淳史、東洋美学にこだわり伝統的様式美を作曲で追求した早坂文雄が現れ、三人が切磋琢磨《せっさたくま》したことである。伊福部は黛敏郎や芥川也寸志や松村禎三らを育て、早坂は武満徹に強い影響を与えた。現代音楽の流れを北の大地からつくった三人の書生っぽい議論も聴こえてきそうな伊福部生誕百年記念アルバムである。伊福部の大陸的自然の感性は、心の玉手箱を豊かにするエーテルというべきだろう。

トルコ建国の英雄・カラベキルの回想録

むかし、夜の一一時くらいに自宅に電話をかけてきた学生をたしなめた時のことだ。すると彼に、「えーッ、これで遅いんですか。まだ自分たちには時間が始まったばかりですよ」と言い返されたのである。

確かに、自分にも覚えがあった。夜の一〇時くらいから勉強を始めて明け方くらいまで読書が続いた二三、二四歳頃の大学院生の時分は、今と時間の感覚が違った。

一見すると地味なオスマン・トルコ語やそのラテン文字転写の史料でも、深夜に読むと、埴谷雄高の『死霊』巻頭の「悪意と深淵の間に彷徨《さまよ》いつつ／宇宙のごとく／私語する死霊達」ではないが、一種の思弁に耽っている気がしたものだ。

あの頃の自分は、具体の学問としての歴史学と、自分の抽象的な思考回路との間に、どのような折り合いを付けていたのだろうか。

物事にけじめをつけてくれたのは、キャーズィム・カラベキルの『わが独立戦争』（一九六〇年）との出会いであった。第一次世界大戦からトルコ革命にかけて、トルコの東方関係の指導者としてソビエト・ロシアとの折衝に当たった不世出の軍人政治家との出会いは、イスラームと共産主義とナショナリズムとの相互関係を考えていた私にとって衝撃的だった。

当時読んでいた作家の高橋和巳が五世紀末中国の劉勰《りゅうきょう》の『文心雕龍《ちょうりゅう》』との出会いに研究上の想像的魔力を駆り立てられた逸話を知っていたが、一五〇〇ページに及ぶカラベキルの浩瀚な回想録との出会いは、私の人生の模索にとって幸いであった。しかし、初代トルコ大統領アタテュルク最大の政敵の著書として発禁処分を受けた史料を真夜中に読むのは、どことなく埴谷の描いた活動家たちの緩慢な時間の進行に似ていた。

ともかく、私なりにカラベキルの〝物語〟を『中東国際関係史研究』として二〇一三年に刊行し、一四年夏に彼の三女ティムサルさんと初めて会った時に、四〇年来の重荷を下ろす気がしたものだ。ティムサルさんに「父の本は先生にとって何？」と聞かれて即座に答えられなかった私でも、著書が五刷になった今なら逡巡せずに答えられそうである。「それは心の玉手箱ですよ」と。

スマホの歩数計

先月、講演に出かけた中東のある国でのことだ。私が話している最中に聞き慣れた呼び出し音がいきなり会場で鳴り響いたので仰天した。スマートフォンである。ここでは珍しいことでなく、その後も何度か同じ情景が繰り返された。悪びれずに、講演者の私と同じくらいの声で会話を始めるのだ。また、日本大使の招宴でも彼のすぐ隣にいた客が同じ音を受信して、大使の声を掻き消さんばかりに話したものだ。この国では格別におかしいわけでもないらしい。そういえば、「講演に先立ち皆様に携帯電話の音を切るようにお願いしまーす」といった注意はついぞ聞いたことがなかった。

しかし、スマホの便利さは万国共通のようだ。私にとっていちばん嬉しいのは、健康データで歩数がすぐに表示される機能である。早朝散歩を日課としているからだ。

しかも、日週月年と表示され、一日平均もすぐ分かる。折れ線グラフを見ると、どの日が雨だったかも想像がつく。まず雨の日はよほどでなければ散歩をしないから、歩数が格段に落ちるのだ。朝早くから開く近所のゴルフ練習場に出かけず、素振りを一つもしなければ、健康データのすべてが良いはずがない。

それにしても、早朝五時半に起きて、アイアンやウッドを数本もって散歩がてらゴルフ練習を小一時間ほど出勤前にこなすのは爽快である。歩数計は正直なものだ。散歩もせず練習もしない雨の日は、昨日も今日も四、五〇〇〇歩にすぎない。

ちなみに歩数計には散歩の練度とか技術点というものはつかない。健康データに身体測定値などが表示されても、スポーツの技量を判定する機能が入っていないのは、さらに嬉しい。

もっとも、測定も必要ないほど上達もせず、レベルの低い私のゴルフ能力には玉手箱となる器械も不要なのかもしれない。せめて、雨降りでもゴルフ場で歩く努力を測定できるスマホの歩数計だけは、次回のゴルフに忘れず持参することにしよう。

あとがき

　展望鏡といっても若い読者にはなじみがないかもしれない。私と同世代の人間にとっても、もはや死語となったか、なりかかっている言葉である。しかし、この書物のタイトルを考えたとき、真っ先に脳裏に浮かんだのは「展望鏡」なのである。

　もっとも、この語は手近にある『広辞苑』第四版（一九九一年）には見当たらない。手元の大槻文彦著『新大言海』（一九八二年）にも載せられていない。明治の国語学者大槻は、展望を「眺メミワタスコト。又、遠ク見渡シタルオモムキ」と説明して「展望十里」という例を挙げている。では、それに「鏡」をつけると、望遠鏡や双眼鏡とどう違うのだろうか。

　私が死語同然の言葉ともいうべき展望鏡という語を思いだしたのは、子どもだった頃の思い出につながる。昭和も二十年代から三十年代にはまだ縁日ともなると、神社や寺の境内で旅回りの芸人の技や香具師《やし》の口上が披露されていたものだ。子どもは周囲の大人たちに押し出されて自然彼らの後に回ることが多かった。すると、芸人や香具師の衣裳を見ることができない。そこで役に立つのが展望鏡なのであった。長さ四〇センチから五〇センチくらいのボール紙で作った箱の上下に向かい合うように鏡を据えて、大人の背丈《せたけ》の高さなら見える像を眺めようという寸法であった。私のように手先が不器用な人間なら子ども雑誌のオマケで作り、工作が得意な子であれば木材を巧みに加工して展望鏡をつくったのである。

望遠鏡や双眼鏡を使っても、自分の目よりも高い所は見えない。そこで軍隊なら、塹壕や遮蔽物から姿を現さずに戦況を見るときには、ペリスコープを利用した。それを海軍に応用したのが潜望鏡である。このペリスコープが展望鏡の原型であり、子どもが重宝した平和な眺め箱にヒントを与えたのではないか、と私は想像している。写真史料を見ると、展望鏡に三脚をつけたいかめしいペリスコープを脇に置いた日露戦争の将軍や参謀の姿も見られる。私が『中東国際関係史研究』で扱ったキャーズィム・カラベキル将軍にも、「三脚展望鏡」と一緒に納まっている姿を留めた写真が残っている。

いまでは、山頂や公園の展望台にある望遠鏡を展望鏡と呼ぶ人もいるかもしれない。このあとがきを書いている時に分かったことだが、藤田由という歌手に自分で作詞作曲した『展望鏡』という作品がある。函館山から眺めた故郷を慈しんだ素晴らしい歌のようだ。ただ残念ながら、それと「私の展望鏡」とは意味合いが違うのである。望遠鏡はこちらが見える風景をズームで拡大し、方角を自在に調節することで遠景を苦もなく眺めることもできる。しかし、展望鏡は、そもそも自力では観察することはおろか、凝視することもできない相手を、自分が背伸びするような気持ちで苦労して眺める道具なのである。どれほど優秀な子どもでも、身長が大人に及ばないと、対象をきちんと見ることはできない。神社の境内で何かの口上をまくしたてる香具師や芸人の姿をとらえた時には、背丈も含めて大人になる条件に近づいたような気分がして本当に嬉しかったことを思い出す。

職業として歴史研究を選んだ私は、史料や文献で考える物事をいつも明瞭な絵姿でとらえているはずがない。目の前にぼんやりした霞がかかっているように、人物や事件の性格を理解できないことの方が多い。このようなときに、子ども時分に便利だった展望鏡を思いだすのである。通っていた小学校の生活にあまりなじめず、規則正しい勉強にほとんど興味がそそられなかった私にとって、手づくりの展望鏡は何かにつけて、事物には遠近と高低の差によって見えるものが違うことを初めて教えてくれたような気がする。

十月下旬にノルマンディーのカーンにある軍事博物館を訪ねる機会があった。ペリスコープも陳列されていた。しかし、それは私にそもそも歴史における遠近感覚と高低差を最初に教えてくれた展望鏡とは似て非なるものであった。いまの私は、知識や観察力を得るために書物という名の展望鏡を使うのに、軍人たちは兵器や殺戮のためにペリスコープを活用したからであった。職業の違いとはいえ、是非もないことである。

「古今の典籍は豊かなること霞のたちこめる海のごとくであり、蔵すれば家屋を満たし、動かせば牛馬を汗させ、一生かけて読んでも読み尽くせぬほどである。初学者がこれに取り組もうとしても、書物の大海に臨んで嘆息し、あきらめて戻ってくるほかはあるまい」（余嘉錫『古書通例』古勝隆一ほか訳注、平凡社東洋文庫、二〇〇八年）。

これは正しい教えなのであろう。しかし私のような凡人は、こんな厳しい指摘に出会ってあきらめていた日には、本を少しも読めないことになる。必要な書物でさえ一生かけても読めないのは事実であろう。それでも私は少しずつ、「典籍」のような古典でなくても、俗本の類であっても楽しみながら読み続けて、これからも生きていきたいと思っている。やはり書物は私の展望鏡なのである。そして、本書が読者諸賢のお役に立つならば、望外の喜びである。

末尾ながら、四冊目の書評集を刊行してくださったみすず書房と尾方邦雄氏に心からお礼を申し上げておきたい。

平成二十九年十一月一日

山内昌之

公務員の誉のような人物　東京人 2013 年 7 月号
複雑きわまる戦時下中国の実像　文藝春秋 2013 年 9 月号
高邁な目標と現実とのギャップ　週刊現代 2013 年 8 月 10 日号
なぜ栄える国と貧しい国があるのか　週刊ポスト 2013 年 8 月 16・23 日号
寡黙な吉村昭の沈黙　文春文庫『吉村昭が伝えたかったこと』2013 年 8 月刊
幕末水戸藩を精緻に描く　週刊ポスト 2013 年 8 月 22 日号
歴史に光を射す貴重資料の復刻　東京人 2013 年 9 月号
歴史の不条理を批判的に分析　日本経済新聞 2013 年 10 月 24 日
百年前の日本をタタール人が絶賛　週刊ポスト 2013 年 10 月 18 日号
巨大組織の実像と終焉　東京人 2013 年 12 月号

III

観察せよ、そして時機を待つべし　図書 2014 年 1 月号
大石内蔵助の原型　文春文庫『跡を濁さず　家老列伝』2014 年 2 月刊
エジプトが悲劇から免れている理由　東京人 2014 年 1 月号
文学者が歴史の不条理を問う　東京人 2014 年 3 月号
国際的な武器貿易商人を描く時代小説　東京人 2014 年 4 月号
米英がいつも勝者となるのはなぜか　共同通信 2014 年 4 月 25 日
熊本県知事が異色の経歴を語る　週刊ポスト 2014 年 5 月 2 日号
持続可能な国と持続不可能な国　日本経済新聞 2014 年 5 月 4 日
山本周五郎の現代性　東京人 2014 年 6 月号
歴史上の人物と病気との関係　東京人 2014 年 6 月号
「鉄道とは何か」を考えるときに信頼できる書物　週刊ポスト 2014 年 6 月 20 日号
自前の文明批評家に接する機会　東京人 2014 年 7 月号
日本政治学のルーツを描く小説　週刊現代 2014 年 7 月 5 日号
明治天皇が溜め込み続けたストレス　週刊ポスト 8 月 29 日号
吉野文六、異能の作家との対話　中央公論 2014 年 9 月号
危険を回避する本能的嗅覚　東京人 2014 年 9 月号
歴史全体を俯瞰する意義　讀賣新聞 2014 年 9 月 15 日
日米関係を左右するロビー活動　東京人 2014 年 10 月号
俳諧師にして草紙作者　週刊現代 2014 年 10 月 4 日号
歴代総理や閣僚に対する遠慮なき論評　週刊ポスト 2014 年 10 月 17 日号
イスラーム知識人の目から認識の逆転を図る　共同通信 2014 年 10 月 25 日
形となるプロセスの手がかり　東京人 2014 年 12 月号
寛容なるロシアの極東政策　週刊文春 2014 年 11 月 13 日号
寝るまえ 5 分のモンテーニュ　週刊ポスト 2014 年 12 月 19 日号
心の玉手箱　日本経済新聞 2014 年 12 月 1 日～ 12 月 5 日

帝銀事件を小説仕立てで解き明かす　週刊ポスト2012年5月18日
ユダヤ系葛藤の軌跡　讀賣新聞2012年5月27日
法制史の魅力を伝授　讀賣新聞2012年6月17日
尖閣諸島上陸を阻止する自衛隊　週刊ポスト2012年6月29日
草創期の横顔興味深く　讀賣新聞2012年7月8日
青島戦役から敗戦へ　文藝春秋2012年8月号
西洋の優位性確立した要因を分析　日本経済新聞2012年8月19日
正統派のテレビマンと異能の行政マン　東京人2012年9月号
本物の政治家らしい気迫と信念　讀賣新聞2012年9月2日
旧帝国陸軍の系譜はどこが継承　週刊ポスト2012年9月7日号
日本の危機に必要な人材とは　讀賣新聞2012年9月30日
この国の衰弱　文藝春秋2012年10月号
暴動を恐れてパン価格を三〇年据え置き　週刊ポスト10月18日号
預言者ムハンマドの生涯と業績　讀賣新聞2012年10月28日
多角的な議論を問う　讀賣新聞2012年11月11日
パワーと相互依存　讀賣新聞2012年11月25日
問いかけを忘れた指導者たち　文藝春秋2012年12月号
独裁的政治家の顔　讀賣新聞2012年12月9日
イランとイスラエルの諜報機関の争い　週刊ポスト2012年12月14日号
違いのある政治家の共通性　東京人2012年12月号
ブローデルを読む　日経ビジネス人文庫『経済学の巨人危機と闘う』2012年12月刊

II

預言的な響き　文春文庫『対談 中国を考える』2013年3月刊
「Gゼロ」後の国境と領土　日本経済新聞2013年1月6日
現代の政治を考えるうえでも示唆に富む　東京人2013年1月号
軍隊と警察　東京人2013年3月号
第二次大戦を食糧から分析　文藝春秋2013年3月号
今度もいい本　週刊ポスト2013年3月1日号
「政教一致」こそトルコの特徴　日本経済新聞2013年3月3日
イスラエル情報機関の愛国心と使命感　東京人2013年4月号
企業が斜陽にいたる道筋　週刊ポスト2013年4月19日号
企業人にも役人にも学者にも読んでほしい　文藝春秋2013年5月号
時代の指揮官たちの心中を察する二冊　東京人2013年6月号
本物の経済人を知る喜び　週刊ポスト2013年6月7日号
なぜ妻から「離縁状」を突きつけられたのか　週刊文春2013年7月18日号
情報大国のスパイらの教養と知性　文藝春秋2013年7月号

初出一覧

I

歴史に学び「畏怖」を知る　Harvard Business Review 2010年7月号
政治家と歴史家　WEDGE 2010年7月号
政治家の平常心と胆力　ジョイント 2010年12月号
正道を踏み国を以て斃るるの精神　文藝春秋 2010年12月号
大英帝国の「孤独」　文藝春秋 2010年12月号
夢と記憶　産経新聞 2011年1月4日
明治政府の交渉術　讀賣新聞 2011年1月9日
「健全な債務」目指す　讀賣新聞 2011年1月23日
「坂の上の雲」をロシア側から眺める　文藝春秋 2011年2月号
成功者の誇りをもって人生を述懐　週刊ポスト 2011年2月18日
大学教授の生態は？　讀賣新聞 2011年2月20日
大哲学者の苦悩　讀賣新聞 2011年3月6日
政治家の赤心とは　文藝春秋 2011年4月号
常夏の島の「戦争と平和」　文藝春秋 2011年4月号
「知の巨人」の生涯　讀賣新聞 2011年4月3日
耐えること　文藝春秋 2011年5月号
学問と政治リアリズム　讀賣新聞 2011年5月1日
宗教的理想に代わる現実的願望　日本経済新聞 2011年5月29日
政権交代の悪夢　週刊ポスト 2011年6月3日
赤裸々な告白に驚き　讀賣新聞 2011年6月5日
歴史で混沌を乗り切る　文藝春秋 2011年季刊夏号
悲しみに耐える人々へ　讀賣新聞 2011年7月10日
賢人が導く良き政治　讀賣新聞 2011年7月17日
凶刃に斃れた「陸軍エリート」　文藝春秋 2011年8月号
英雄悩ますストレス　讀賣新聞 2011年9月18日
「ヤマト民族」の優秀性強調しすぎ説　週刊ポスト 2011年9月30日
ソ連民族政策の矛盾　讀賣新聞 2011年10月23日
率先垂範のリーダー　文春文庫『海将伝』2011年11月刊
中韓との超えられぬ溝　週刊ポスト 2012年1月13・20日
オランダ人が見た世界　讀賣新聞 2012年4月8日
「自立主義」の独創性解き明かす　日本経済新聞 2012年4月29日
政治史から現代を照射　讀賣新聞 2012年4月29日
二一世紀の「パンとサーカス」に抗して　文春新書『日本の自殺』2012年5月20日刊

著者略歴

（やまうち・まさゆき）

1947年生まれ．歴史学者．専門は中東・イスラーム地域研究と国際関係史．明治大学研究・知財戦略機構国際総合研究所（中東研究部門）特任教授．東京大学名誉教授．著書『スルタンガリエフの夢』（サントリー学芸賞）『瀕死のリヴァイアサン』（毎日出版文化賞）『ラディカル・ヒストリー』（吉野作造賞）『中東国際関係史研究——トルコ革命とソビエト・ロシア　1918-1923』（岩波書店）『岩波イスラーム辞典』（編著・毎日出版文化賞）など多数．書評集は，『歴史家の本棚』『歴史家の書見台』『歴史家の羅針盤』（以上，みすず書房）のほかに『歴史家の一冊』（朝日選書）『歴史という名の書物』『歴史のなかの未来』（以上，新潮社）がある．2002年司馬遼太郎賞，2006年紫綬褒章を受けた．

山内昌之

歴史家の展望鏡

2017年12月5日　第1刷発行

発行所　株式会社 みすず書房
〒113-0033 東京都文京区本郷2丁目20-7
電話 03-3814-0131(営業) 03-3815-9181(編集)
www.msz.co.jp

本文組版　キャップス
本文印刷・製本所　中央精版印刷
扉・表紙・カバー印刷所　リヒトプランニング

Printed in Japan
ISBN 978-4-622-08560-7
[れきしかのてんぼうきょう]